Text und Fotografie
Linda **Louis**

Beeren

und kleine Früchte

Übersetzung
aus dem Französischen:
Birgit Irgang

Schmuckstücke auf dem Teller

Warum liegt der Gedanke an Schmuck nahe, wenn man sich mit Beeren und kleinen Früchten beschäftigt? Zum Beispiel weil die Bezeichnung der Pflanzengattung „Rubus", zu der Brombeeren und Himbeeren gehören, mit dem Namen des roten Edelsteins Rubin verwandt ist. Beide sind vom lateinischen Wort „ruber" für „rot" abgeleitet. Diese Früchte sind in der Tat wahre Schmuckstücke. Für ein kleines Mädchen kann sich eine Traube rot leuchtender Johannisbeeren in einen schönen Ohrring verwandeln. Heidelbeeren bilden, wenn man sie mit einer Nadel durchsticht und auf einen Faden auffädelt, eine leckere Kette aus dunkelblauen Perlen, die nur darauf warten, aufgegessen zu werden. Da Beeren zarte Gebilde sind, müssen wir beim Sammeln und bei der Aufbewahrung besonders vorsichtig sein. Wie ein Goldsucher will man das wertvolle Gut möglichst rein nach Hause bringen und sucht daher Blätter und kleine Tierchen sorgfältig heraus. Und beim Dekorieren von Tortenböden mit ausgesucht schönen Stücken kann man sich wie ein Kunsthandwerker fühlen. Beeren und kleine Früchte bringen Pep in unsere Küche – mit ihren leuchtenden Farben und mit ihren süß-sauren Aromen, die auch verwöhnten Gaumen schmeicheln.

Kostbarkeiten für unsere Gesundheit

Gesundheitsexperten schätzen Beeren und kleine Früchte, weil sie nicht nur zu einer ausgewogenen Ernährung beitragen, sondern auch besondere Vorteile für die Gesundheit haben. Beeren und Früchte enthalten viel Wasser und sind deshalb im Sommer ideal, wenn der Organismus viel Flüssigkeit braucht. Die meisten von ihnen gelten als appetitanregend, harntreibend und entschlackend. Sofern man Haut und Kerne mitisst, regen sie aufgrund ihres hohen Ballaststoffgehalts die Verdauungstätigkeit an. Ihren Ruf als gesunde Lebensmittel verdanken sie in erster Linie den enthaltenen Antioxidanzien. Diese Schutzstoffe, zu denen neben den Vitaminen C und E vor allem sekundäre Pflanzenstoffe wie Phenolsäuren und Anthocyane zählen, können freie Radikale abfangen. Dabei handelt es sich um instabile Verbindungen, die sich im Rahmen ganz normaler Stoffwechselaktivitäten bilden. Krankheiten, Alter, Zigarettenrauch, Alkohol, Umweltgifte, Pestizide und ausgedehnte Aufenthalte in der Sonne können ihre Entstehung begünstigen. Freie Radikale gelten als Schadstoffe, die das Auftreten von Herz- und Gefäßerkrankungen, Krebs und altersbedingten Leiden fördern, indem sie Zellstrukturen oxidieren. Wer regelmäßig reichlich Beeren isst, kann die Auswirkungen der Radikale auf seinen Organismus möglicherweise einschränken.

Selbst angebaute Schätze

Wenn Sie einen grünen Daumen und dazu einen Garten oder Balkon haben, können Sie einmal probieren, Ihre eigenen Johannisbeeren, Erdbeeren, Aroniabeeren oder Litschitomaten anzubauen. Es gibt zahlreiche Möglichkeiten, die auch für Anfänger geeignet sind. In diesem Buch finden Sie eine Fülle von Ratschlägen, um Ihr eigenes Gartenparadies zu erschaffen, in dem köstliche Schätze der Natur gedeihen. Stellen Sie sich vor, wie Sie morgens durch Ihren Garten streifen und diese leuchtenden Schmuckstücke ernten, die nur darauf warten, sofort gegessen oder in der Küche verarbeitet zu werden. Wer lieber an seine Vergangenheit als Jäger und Sammler anknüpfen möchte, kann nach draußen in die freie Natur gehen und wild wachsende Beeren sammeln.

Inhalt

Beere, Steinfrucht oder Scheinfrucht? Botanik in Kürze

Die Natur ist gut strukturiert. Sie hat die Frucht erschaffen, um den (oder die) Samen zu schützen und so die Reproduktion der Pflanze zu ermöglichen – insbesondere dank der Tiere, die in der Natur leben. Bevor Sie Beeren und kleine Früchte essen, möchten wir Ihnen einige botanische Erläuterungen mit auf den Weg geben. Sie werden merken, dass Sie Beeren danach mit anderen Augen sehen.[1]

Echte Früchte oder fleischige Einzelfrüchte

Die meisten Früchte, die wir essen, sind sogenannte Einzelfrüchte. Sie entstehen durch die Befruchtung der Fruchtblätter (Fruchtknoten), den weiblichen Organen der Pflanze, die den Stempel bilden. Einzelfrüchte sind in zwei Gruppen unterteilt.

• **Beeren oder Früchte mit Kernen** (weichen Samen): Zu dieser Kategorie zählen die Schwarze Johannisbeere, die Cranberry, die Heidelbeere und die Weintraube, aber auch Früchte, die wir gemeinhin nicht zu den Beeren rechnen, wie Zitrusfrüchte mit ihren ungewöhnlich dicken Schalen.

• **Steinfrüchte** (der verholzte Teil ist sehr fest und schützt den Samen – zum Beispiel die Mandel oder der Stein der Aprikose): Zu dieser Kategorie gehören die Kirsche, die Früchte der Reichblütigen Ölweide oder die Kornelkirsche.

Sammelfrüchte

Manche Blüten enthalten mehrere Fruchtknoten. Nachdem sie befruchtet sind, bilden sie mehrere Früchte aus – wie die Sammelnussfrucht Erdbeere und die Sammelsteinfrucht Brombeere. Bei Letzterer handelt es sich um eine Sammelsteinfrucht, denn jedes der kleinen, saftigen Kügelchen (Steinfrüchtchen) enthält einen Stein, in dem der Samen enthalten ist. Wenn Sie also viele Brombeeren essen, haben Sie keine Samen zwischen den Zähnen, sondern Steine (wenn auch zugegebenermaßen winzige).

Scheinfrüchte

Andere Früchte werden als Scheinfrüchte bezeichnet. In diese Gruppe gehört beispielsweise die Hagebutte, deren rotes Fleisch nicht aus dem Fruchtknoten stammt, sondern aus dem Blütenboden. Das ist der bauchige Boden der Blüte, an dem alle Pflanzenteile – wie etwa die Blütenblätter – befestigt sind. Am oberen Ende der Hagebutte sieht man die Reste der Kelchblätter und Staubblätter. Bei der Hagebutte handelt es sich folglich nicht um eine Beere, sondern um den fleischigen Blütenboden der Hundsrose (doch das klingt natürlich nicht besonders griffig). Auch die Erdbeere ist eine Scheinfrucht. Man muss sich nur das gelbe Zentrum ihrer Blüte ansehen, um sich die Verwandlung in eine Erdbeere vorzustellen. Die eigentlichen Früchte sind die gelben „Kernchen", die eigentlich Nüsschen sind – deshalb wird die Erdbeere auch als Sammelnussfrucht bezeichnet.

[1] Dieses Buch beschäftigt sich mit frischen Früchten, nicht mit Trockenfrüchten, die fast kein Wasser enthalten.

Richtig sammeln

Bestimmungen

Das Sammeln von Beeren und kleinen Früchten ist in Wäldern, im Unterholz, auf Heideflächen und in Mooren erlaubt, sofern das Land öffentliches Eigentum ist und es sich nicht um geschützte Pflanzenarten handelt. Das zuständige Bundesnaturschutzgesetz (BNatSchG, vergleichbar auch die jeweiligen Landeswaldgesetze) erlaubt die „pflegliche" Entnahme wild lebender Pflanzen „in geringen Mengen für den persönlichen Bedarf". Das „gewerbsmäßige Entnehmen" bedarf grundsätzlich der Erlaubnis des Eigentümers und der zuständigen Behörden für Landespflege und Naturschutz. In Schutzgebieten wie Nationalparks wird das Sammeln für den Eigenverzehr gemäß den jeweiligen örtlichen Gegebenheiten durch eigene Vorschriften detailliert geregelt. So werden Sammelzeiten und genau definierte Stellen festgelegt, wobei bestimmte Biotoptypen und Sammelmethoden (z. B. sogenannte „Sammelkämme") ausdrücklich ausgenommen sein können. Tipps und Ratschläge geben im Zweifelsfall die örtlichen Behörden sowie die Naturschutzverbände.

Achtung: Fuchsbandwurm

Bei der Echinokokkose handelt es sich um eine sehr seltene Krankheit, die von einem parasitären Wurm (*Echinococcus multilocularis*, Fuchsbandwurm) übertragen wird, dessen Eier im Kot (nicht im Urin) von Füchsen, Wühlmäusen oder Hunden vorkommen. Anstecken kann man sich, wenn man Pflanzen oder Pflanzenteile isst, die durch diese Exkremente verschmutzt sind. Wenn man sich angesteckt hat (die Inkubationszeit kann bis zu zehn Jahre betragen), verschlechtert sich der Gesundheitszustand ganz allmählich. Es kommt zu Schmerzen im Oberbauch und zu häufig irreversiblen Leberschäden. Allerdings braucht man nicht überängstlich zu sein: Durchschnittlich wird pro Jahr lediglich ein Dutzend neuer Fälle gemeldet. Zwar kommt der Fuchsbandwurm in Mitteleuropa immer häufiger vor, meist sind aber weniger als fünf Prozent der Füchse befallen. Höhere Durchseuchungsraten in Deutschland gibt es insbesondere in den Mittelgebirgen – vom Thüringer Wald über Hessen bis nach Baden-Württemberg und Bayern. Um die Risiken zu minimieren, sollten Sie einige Vorsichtsmaßnahmen treffen:

• Sammeln Sie ausschließlich ganz saubere Früchte (ohne Flecken oder Verschmutzungen), und meiden Sie Früchte, die sich in der Nähe von Exkrementen befinden.

• Waschen Sie die Früchte gründlich und zunächst in Essigwasser.

• In Risikogebieten sollten Sie Preiselbeeren, Heidelbeeren und Walderdbeeren zehn Minuten auf 60 °C, fünf Minuten auf 70 °C oder eine Minute auf 100 °C erhitzen beziehungsweise die Früchte trocknen.

Verantwortungsbewusstes Sammeln

• Sehen Sie sich den Sammelort genau an, um eine etwaige Verschmutzung wahrzunehmen (zum Beispiel Abfälle oder leere Chemikalienbehälter).

• Pflücken Sie niemals Früchte, die Sie nicht mit Sicherheit erkennen.

• Ernten Sie an einer Stelle nicht alles ab, sondern lassen Sie mindestens ein Viertel der Früchte hängen (sofern die Menge nicht sowieso durch bestimmte Regelungen festgelegt ist, siehe oben).

• Sammeln Sie nur, was Sie zu Hause auch verbrauchen, verarbeiten oder aufbewahren können.

• Verwenden Sie keine Plastiktüten, weil Beeren und Früchte darin schnell verderben. Nutzen Sie stattdessen Körbe, Papiertüten oder Stoffbeutel.

Selbst anbauen

Viele Gärtner pflanzen Lebensbäume (Thujen) oder Kirschlorbeer, um eine Hecke als grünen Sichtschutz zu erhalten. Wenn diese Gewächse auch Verstecke und Nistmöglichkeiten für Vögel bieten, so bilden sie doch keine Schutz- und Nährhecke – weder für Tiere, noch für uns. Sie sorgen auch nicht für biologische Vielfalt. Wenn Sie also neue Pflanzen für Ihren Garten anschaffen möchten, sollten Sie auch an Gewächse denken, die essbare Früchte tragen. Nachfolgend einige Empfehlungen, um Ihren „konventionellen" Garten in ein wahres Paradies zu verwandeln:

• Legen Sie einen Komposthaufen für Gemüseschalen, Grasschnitt und Laub an. Nach der Verrottung, die etwa ein Jahr dauert, verteilen Sie bei Neuanpflanzungen oder generell im Herbst je eine Handvoll Kompost um die Pflanzen herum, um sie zu kräftigen.

• Ermitteln Sie, welche Bodenart Sie in Ihrem Garten haben (etwa tonhaltig, kalkhaltig, sandig oder sauer). Bei einem kalkhaltigen Boden eignen sich beispielsweise Kornelkirsche oder Reichblütige Ölweide, während auf einem tendenziell sauren Waldboden Preiselbeeren und Heidelbeeren gedeihen.

• Schneiden Sie von November bis Februar in frostfreien Zeiten Ihre Sträucher (wie Holunder, Haselnussstrauch, Weide oder Heckenrose), häckseln Sie die abgeschnittenen Zweige und verteilen Sie die Holzspäne unter den Früchte tragenden Pflanzen. Das zerkleinerte Zweigholz sorgt dafür, dass Unkräuter sich nicht so leicht ausbreiten und Sie auch weniger gießen müssen, weil der Boden darunter nicht so warm wird. Wenn die Holzspäne sich zersetzen, verwandeln sie sich in nährstoffreiche Erde, welche die Pflanze auf natürliche Weise nährt.

• Bewahren Sie die Samen Ihrer Beeren und kleinen Früchte auf, um sie auszusäen. Ziehen Sie Ableger oder suchen Sie Schösslinge der Früchte tragenden Pflanzen in Ihrem Garten, vielleicht auch bei Freunden.

• Bevorzugen Sie alte Arten, um Ihren Garten und Ihren Teller bunter und vielfältiger zu gestalten!

Zubereitung und Aufbewahrung

Wählen Sie einen schönen, sonnigen Tag, um Ihre Früchte zu pflücken – zum einen, weil sie bei prallem Sonnenschein einen intensiveren Geschmack haben, zum anderen, weil es für Sie selbst angenehmer ist. Natürlich ist es empfehlenswert, die Früchte so frisch wie möglich und roh zu essen, um all ihre Nährstoffe (vor allem das leicht abbaubare Vitamin C) bestmöglich zu nutzen. Doch je nach Menge und Eigenschaften der gesammelten Früchte ist es manchmal erforderlich, sie zu verarbeiten.

Vorbereitung und Lagerung

• Verlesen Sie Ihre Ernte, werfen Sie beschädigte Früchte weg und sammeln Sie Blätter sowie Insekten heraus.

• Legen Sie die Früchte in Schalen, kleine Holzkisten oder Papiertüten, damit sie atmen können. Eine Salatschüssel ist keine ideale Lösung, um Beeren und kleine Früchte aufzubewahren, da sie leicht zerdrückt werden.

• Wenn Sie Erdbeeren, Himbeeren oder Brombeeren nicht sofort verarbeiten, können Sie diese für 24 bis 48 Stunden in einem kühlen Raum aufbewahren. Bei weniger als 10 bis 12 °C verlieren sie ihr Aroma.

Andere Früchte können im Kühlschrank aufbewahrt werden:

• Preiselbeeren, Gojibeeren, die Früchte der Reichblütigen Ölweide und Holunderbeeren maximal zwei Tage,

• Sanddornbeeren, Berberitzen, Cranberrys, schwarze Johannisbeeren, Kornelkirschen, rote Johannisbeeren, Kiwibeeren, Litschitomaten, Waldheidelbeeren, Physalis und Weintrauben vier bis fünf Tage,

• Aroniabeeren und Hagebutten ein bis zwei Wochen.

Einfrieren

Das ist die praktischste Methode der Aufbewahrung. Sie hat den Vorteil, dass man auf diese Weise auch große Ernten verwenden und die Nährstoffe besser erhalten kann als bei der Sterilisierung. Nachteil: Einfrieren verbraucht Energie, und falls es einen längeren Stromausfall gibt (so etwas passiert bevorzugt, wenn man gerade im Urlaub ist), kann man seine gesamte Ernte einbüßen.

Nachdem Sie Ihre Früchte gewaschen und getrocknet haben, legen Sie diese auf große Platten, die Sie in das Gefrierfach stellen. Wenn die Früchte gefroren sind, füllen Sie diese in Plastikbeutel um. Sie können auch den Saft oder das Fruchtfleisch zur späteren Verwendung einfrieren.

Trocknen

Diese Methode zur Konservierung eignet sich besonders gut für kleine Früchte, mit Ausnahme von Kornelkirschen, Erdbeeren, der Früchte der Reichblütigen Ölweide, von roten Johannisbeeren, Brombeeren und Holunderbeeren. Sie ermöglicht es, die Nährstoffe zu erhalten und in manchen Fällen sogar zu konzentrieren. Ganz oben auf der Liste der Früchte, die sich gut trocknen lassen, stehen Aroniabeeren, Gojibeeren, schwarze Johannisbeeren, Cranberrys, Berberitzen, Kiwibeeren, Heidelbeeren, Physalis und Weintrauben. Idealerweise verwenden Sie dafür einen Dörrautomaten, der den Vorteil hat, die Früchte schnell und bei einer konstanten Temperatur zu trocknen. Falls Sie kein solches Gerät besitzen, bringen auch das Trocknen im Backofen (bei 45 bis 50 °C) oder eine Trockenkammer gute Ergebnisse.

Was ist Fruchtleder?

Es handelt sich hierbei um rohes Fruchtpüree, das auf dem Blech eines Dörrgeräts oder in der mit Backpapier ausgelegten Fettpfanne des Backofens dünn ausgerollt wird. Nach dem Trocknen entsteht eine köstliche Schicht Fruchtmark, deren Konsistenz an Leder erinnert. Das Rezept für Himbeerleder finden Sie auf Seite 42. Fruchtleder kann auch aus schwarzen Johannisbeeren, Erdbeeren, Kiwibeeren, Brombeeren, Heidelbeeren und Physalis hergestellt werden. Das Fruchtfleisch saurer und zusammenziehend wirkender Beeren – wie Preiselbeeren, Sanddorn, Aronia, Berberitzen oder rote Johannisbeeren – muss mit dem Püree anderer Früchte der Saison (etwa Aprikosen oder Pfirsiche) gemischt werden. Fruchtleder ist drei bis vier Monate haltbar.

Konservieren durch Sterilisierung

Die Sterilisierung eignet sich für Beeren, die sich nicht trocknen lassen – wie etwa Preiselbeeren (siehe Seite 74). Allerdings gehen dabei zwangsläufig Vitamine verloren.

Konservieren mit Zucker

Konfitüre, Chutney, Geleekonfekt aus Fruchtmark, Sirup, Likör – durch diese Zubereitungsarten ist es nicht nur möglich, Früchte lange zu konservieren, sondern auch ihren Geschmack zur Geltung zu bringen.

Konservieren mit Essig

Nachdem Sie die Früchte (zum Beispiel Sanddornbeeren, Aroniabeeren, schwarze Johannisbeeren, Berberitzen, Himbeeren oder Brombeeren) zerdrückt haben, können Sie diese in Essig einlegen. So erhalten Sie eine säuerliche, farbige Flüssigkeit voller Nährstoffe, die hervorragend geeignet ist, um Ihrer Vinaigrette einen besonderen Pfiff zu verleihen! Es ist auch möglich, einfach die Beeren in Essig mit Wasser, Zucker und Gewürzen zu konservieren, um einen Würzessig herzustellen; dafür eignen sich beispielsweise Preiselbeeren, schwarze Johannisbeeren, Stachelbeeren und Heidelbeeren.

Saftgewinnung

Mit dem Entsafter

Das ist die ideale Lösung, um den Saft der Früchte zu gewinnen. Bevorzugen Sie Entsafter mit Reibe oder Rührwerk, da diese die Früchte sanft pressen und ein Überhitzen vermeiden. Zentrifugenentsafter zerquetschen die Früchte etwas zu sehr, weil diese mit großer Geschwindigkeit gegen die Wand des Behälters gepresst werden. Außerdem neigt der auf diese Weise gewonnene Saft zum Oxidieren.

Heben Sie die bei der Entsaftung entstandenen Abfälle auf, breiten Sie diese auf einem mit Backpapier ausgelegtem Blech aus und lassen Sie sie zwei bis vier Stunden bei 50 °C im Dörrgerät oder Backofen trocknen. So erhalten Sie einen getrockneten Rückstand aus Haut, Kernen und restlichem Fruchtfleisch, der voller Nährstoffe steckt. Das Verfahren eignet sich insbesondere für nährstoffreiche Beeren wie Sanddornbeeren, schwarze Johannisbeeren, Waldheidelbeeren oder Weintrauben. Wenn Sie aus dem Trockenrückstand einen Tee kochen wollen, nehmen Sie einen Esslöffel auf 250 ml Wasser.

Durch Kochen

Manche Früchte müssen mit ein wenig Wasser in einem Topf mit Deckel schnell erhitzt werden, um ihren Saft zu gewinnen. Das gilt für:

• Preiselbeeren wegen des hohen Stärkegehalts (außer man hat eine große Menge davon),

• Steinfrüchte wie Kornelkirschen und die Früchte der Reichblütigen Ölweide.

Durch Einlegen mit Zucker

Diese Methode wird hauptsächlich bei Erdbeeren angewendet, deren Fruchtfleisch so weich ist, dass es sich in einem Entsafter in Püree verwandelt. Die Erdbeeren werden einfach halbiert und mit einer Schicht Zucker bedeckt. Lassen Sie die Früchte dann bei Zimmertemperatur etwa vier Stunden ziehen, bevor Sie die Flüssigkeit filtern. Noch besser ist es allerdings, Erdbeeren zu mixen und als Smoothie zu trinken.

Fruchtfleischgewinnung

Hierfür gibt es zwei Möglichkeiten: Entweder passieren Sie die Früchte durch ein Sieb, das die Haut und die Kerne zurückhält, oder Sie mixen die Früchte und streichen Sie dann durch ein feines Sieb.

Wie gewinnt man den Saft und das Fruchtfleisch kleiner Steinfrüchte?

1. Wählen Sie 1 kg reife, weiche Früchte. Diese können leichte Druckstellen haben, sollten aber auf jeden Fall fleischig und weich sein.

2. Spülen Sie das Obst ab.

3. Füllen Sie die Früchte in einen Topf und gießen Sie 500 ml Wasser hinzu.

4. Bedecken Sie den Topf und lassen Sie das Wasser bei mittlerer Hitze 3 bis 4 Minuten kochen, bis die Früchte aufplatzen. Sie können die Früchte gelegentlich mit einem Pfannenwender leicht zerdrücken.

5. Um den Saft zu gewinnen (zum Beispiel für die Herstellung von Karamell, siehe Seite 96), setzen Sie nun ein Sieb auf eine Schüssel. Gießen Sie den Inhalt des Topfes in das Sieb, sodass der Saft hindurchläuft. Auf diese Weise erhalten Sie durchschnittlich 100 ml klaren Saft.

6. Um das Fruchtfleisch zu gewinnen (zum Beispiel für die Herstellung von Konfitüre, siehe Seite 100) passieren Sie die Früchte durch eine Kartoffelpresse (mit feinem Sieb). Wiederholen Sie diesen Vorgang vier oder fünf Mal, und entfernen Sie jedes Mal die Steine, die im Sieb hängen bleiben. Fügen Sie gegebenenfalls ein bisschen Wasser hinzu, und zögern Sie nicht, das Fruchtfleisch ganz fein zu passieren, damit es schließlich eine besonders gute Qualität hat. Auf diese Weise erhalten Sie durchschnittlich 600 g Fruchtfleisch.

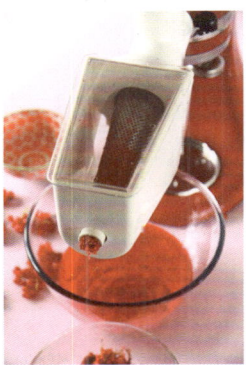

Beeren

aus dem Garten

SCHWARZE JOHANNISBEEREN
Ribes nigrum L. (Grossulariaceae)
Schwarze Ribisel, Cassis
Frucht: schwarze Johannisbeere, cassis, blackcurrant

Jeder kennt die schwarze Johannisbeere mit ihrem charakteristischen Geschmack. Es hat allerdings eine ganze Weile gedauert, bis die Ethnobotaniker ihr in alten Texten auf die Spur gekommen sind. Im Stundenbuch der Anne de Bretagne aus dem Jahr 1508 ist von einem gewissen „poyvrier" die Rede – ein Name, den die schwarze Johannisbeere vermutlich aufgrund ihrer damaligen Nutzung als Würzmittel bekam. Erst zu Beginn des 18. Jahrhunderts kommt in botanischen Werken die Bezeichnung „cassis" auf; und Anfang des 20. Jahrhunderts wird der Pflanze eine Heilwirkung zugeschrieben. Ab 1841 konsumiert man die schwarze Johannisbeere nicht mehr aus medizinischen Gründen, sondern zum Genuss: Im französischen Dijon wird zu dieser Zeit der Likör „Crème de Cassis" aus der Taufe gehoben. Dort entsteht auch der berühmte Kir, den der Kanoniker und Bürgermeister dieser burgundischen Stadt, Félix Kir, zur Zeit der Befreiung Frankreichs am Ende des Zweiten Weltkriegs erfindet.

Allgemeine Eigenschaften: 1 bis 1,5 Meter hoher Strauch mit aufrechten und dicht belaubten Ästen.

Blätter: Mittelgroß, drei- oder fünflappig, herzförmig und gezähnt, dunkelgrün, auf der Unterseite behaart, stark riechend.

Blüten: Glockenförmig geformt, weißlich-grün bis rosafarben, in Trauben angeordnet, in den Blattachseln hängend.

Früchte: Schwarze, glatte, glänzende Beeren mit feinen Punkten, von der Größe einer großen Erbse (bis zu 1,5 cm Durchmesser), mit fester Haut und hellrosafarbenem Fleisch, saftig, leicht süß und sehr sauer (Reifezeit Juni bis September).

Standort: Verbreitet in Gärten. Natürliche Vorkommen sind ungesichert, da sie nicht von verwilderten Gartenformen unterschieden werden können. Diese bevorzugen hauptsächlich feuchte Auwälder und Erlbrüche (Halbschattengewächs).

Botanischer Steckbrief

Ernte

Die Haut dieser Frucht ist sehr fest, sodass sie leicht und schnell zu ernten ist. Pflücken Sie auch noch hellgrüne, zarte Blätter für Tee.

Anbau

Die Schwarze Johannisbeere ist ein dichter, schnell wachsender Busch, der schon innerhalb kurzer Zeit eine schöne Hecke mit leckeren Früchten bilden kann. Besonders hübsch sieht es aus, wenn Sie Rote Johannisbeeren und Stachelbeeren dazwischenpflanzen. Die Schwarze Johannisbeere ist pflegeleicht und robust (sie übersteht bis zu –20 °C). Für eine bessere Bestäubung und Produktivität sollten Sie mehrere verschiedene Sorten wählen, da nicht alle von Insekten zur Bestäubung urabhängig sind (die Sorte „Noir de Bourgogne" ist es beispielsweise nicht).

Boden: Kühler, feuchter, aber nicht nasser Boden, mit ein wenig Kompost. Nicht für allzu kalkreiche Böden geeignet.

Standort: Im Halbschatten beziehungsweise in nördlichen Landesteilen eher sonnig.

Pflege: Mulchen, um die Feuchtigkeit zu halten, bei großer Hitze gießen (Vorsicht: zu viel Wasser ist schädlich!), Kompost im Herbst, Schnitt der zu alten Zweige im Winter.

Vermehrung: Durch Stecklinge, abmoosen.

Inhaltsstoffe
und Eigenschaften

Schwarze Johannisbeeren sollen harntreibend,
belebend und schweißtreibend wirken. Die Volksmedizin empfiehlt sie bei Verdauungsbeschwer-
den und Blasenleiden sowie bei Halsschmerzen
(dazu soll mit dem Tee oder dem frisch gepressten Saft gegurgelt werden). Aufgrund des hohen
Vitamin-C-Gehalts wird schwarzen Johannisbeeren eine vitalisierende Wirkung zugeschrieben.
Bei Insektenstichen sollen einige frische, zer-
knüllte Blätter auf der betroffenen Stelle lindernd
wirken.

Verwendung
in der Küche

• Roh oder gekocht essbar.
• Gewinnung des Safts mit dem Entsafter
und des Fruchtfleischs mit dem Sieb.
• Kompott (gemischt mit anderen Früchten),
Torten, Kuchen, Geleekonfekt aus Fruchtmark
(Seite 56), Fruchtleder (gemischt mit Banane,
Seite 42), Konfitüre (Seite 100), Gelee (Seite 24),
Sirup (Seite 148), Sorbet (Seite 90), Likör (Sei-
te 36), Essig (Seite 134) …
• Aufbewahrung im Gefrierschrank, eingemacht
(sterilisiert) oder getrocknet.

Johannis-beermousse

Diese Mousse ist leicht, cremig und ungemein fruchtig. Sie kann pur als Nachspeise gegessen werden oder als Bestandteil einer festlichen Torte dienen. Ihr besonderer Trumpf: Sie enthält weder Gelatine tierischer Herkunft noch Kuhmilch.

Für 6 Portionen: 200 g Fruchtfleisch von schwarzen Johannisbeeren (siehe Seite 15)
• 200 g Sojacreme • 130 g heller Rohrzucker • 1 TL (ca. 2 g) Agar-Agar • 2 Eiweiß
• 1 TL Zitronensaft • 1 Prise Salz.

1. In einem großen Kochtopf das Johannisbeerfruchtfleisch, die Sojacreme, den Zucker und das Agar-Agar miteinander verrühren.
2. Bei kleiner Hitze unter Rühren erwärmen. Wenn die Mischung zu kochen beginnt, 30 Sekunden weiter rühren. Dann vom Herd nehmen und abkühlen lassen.
3. Währenddessen das Eiweiß mit dem Zitronensaft und der Prise Salz zu steifem Schnee schlagen. Dabei das Eiweiß mit dem Handrührgerät zunächst auf kleiner Stufe schlagen und dann die Geschwindigkeit erhöhen, bis eine kompakte Masse entstanden ist.
4. Prüfen Sie, ob die Johannisbeermasse, in die Sie den Eischnee rühren wollen, inzwischen lauwarm ist. Sollte sie noch zu heiß sein, fällt der Eischnee in sich zusammen; und wenn die Masse zu kalt ist, beginnt sie zu gelieren, sodass es schwierig wird, das Eiweiß unterzuheben.
5. Heben Sie den Eischnee nach und nach mit einem weichen Teigschaber vorsichtig unter.
6. Füllen Sie die Mousse in Schalen, die Sie mindestens vier Stunden im Kühlschrank kalt stellen.
7. Mit frischen Johannisbeeren garnieren.

Tipp: Da diese Mousse sehr fest wird, können Sie sie hoch aufschichten, indem Sie die Schalen mit Butterbrotpapier auslegen und die Masse einige Zentimeter überstehen lassen.

Johannis-
beergelee

Ein zeitlos gutes Geleerezept –
auch für andere Beeren hervorragend geeignet!

Für 4 Gläser à 350 ml: 1 l Saft schwarzer Johannisbeeren (siehe Seite 14) • 750 g heller Rohrzucker • Saft 1 Zitrone.

1. Den Johannisbeersaft mit dem Zucker und dem Zitronensaft in einen großen Einmachtopf füllen.
2. Verrühren und die Mischung langsam erhitzen. Wenn die Masse kocht, Hitzezufuhr erhöhen.
3. Etwa 10 Minuten kochen, bis eine Temperatur von 106 °C erreicht ist (Gelierpunkt für Konfitüren, mit einem Küchenthermometer überprüfen). Alternativ geben Sie einen Tropfen des Gelees auf einen kalten Teller: Es muss sofort gelieren.
4. Das noch kochende Gelee in vier Marmeladengläser gießen, die Sie zuvor mit kochendem Wasser und etwas Spülmittel ausgespült haben.
5. Die Gläser zuschrauben, auf den Kopf drehen und abkühlen lassen. Das Gelee sollte an einem kühlen Ort und vor Licht geschützt aufbewahrt werden.

Johannis-beertee

Mit diesem Rezept betreiben Sie im wahrsten Sinne des Wortes kulinarisches Recycling. Die Haut und die Kerne der schwarzen Johannisbeeren (die bei der Gewinnung des Safts oder Fruchtfleisches übrig bleiben) sowie die Blätter werden getrocknet und dann überbrüht. Auf diese Weise entsteht ein anregender, fruchtiger und durststillender Tee. Ob heiß oder eisgekühlt – ein echter Genuss!

Für 50 g Tee: 200 g Haut und Kerne von schwarzen Johannisbeeren • 100 g Johannisbeerblätter (die jüngsten, zartesten).

1. In einer Salatschüssel Haut, Kerne und Blätter der schwarzen Johannisbeeren verrühren.
2. Füllen Sie die Mischung auf das Blech eines Dörrautomaten (oder in die mit Backpapier ausgelegte Fettpfanne Ihres Backofens).
3. Lassen Sie die Mischung 4 Stunden bei 50 °C trocknen, bis sie ganz trocken ist. Gegebenenfalls verlängern Sie die Trocknung um 1 oder 2 Stunden.
4. Zerkrümeln Sie die Mischung mit den Fingern.
5. Für 250 ml kochendes Wasser benötigen Sie 1 Esslöffel Teemischung. 5 bis 10 Minuten ziehen lassen, dann filtern und trinken.

ERDBEEREN

Fragaria x ananassa Duch L. (Rosaceae)

Frucht: Erdbeere, fraise, strawberry

Erdbeeren werden nach den langen Wintermonaten immer mit Ungeduld erwartet. Die wahren Liebhaber dieser kleinen Frucht begehen nicht den Fauxpas, schon im Februar die geschmacklosen, importierten Erdbeeren zu essen. Die Zeit, in der man ausschließlich die kleinen Walderdbeeren (Fragaria vesca) aß, ist schon lange vorbei. Man musste bis zum 16. Jahrhundert warten, bis eine andere Wildform entdeckt wurde – die Moschus-Erdbeere oder Zimt-Erdbeere (Fragaria moschata) mit größeren und ebenso aromatischen Früchten. Drei Männer schrieben dann die Geschichte der Zuchterdbeere: Jacques Cartier, der 1540 aus Nordamerika die Scharlach-Erdbeere (Fragaria virginiana) mitbrachte, die im Vergleich zu den europäischen Erdbeeren riesige und robuste Früchte trägt; Amédée-François Frézier, der 1712 in Chile eine andere Art auftrieb, die Chile-Erdbeere (Fragaria chiloensis) mit großen, weißen Früchten; und schließlich Antoine Nicolas Duchesne, der 1740 eine Kreuzung dieser beiden Erdbeerpflanzen aus der Neuen Welt fand, die fleischige, köstliche, robuste – mit einem Wort außergewöhnliche Früchte hatte: *Fragaria x ananassa*, die Mutter aller modernen Erdbeerpflanzen.

Allgemeine Eigenschaften: Krautige Pflanze, 20 bis 30 Zentimeter hoch, kriechend mit Ausläufern, trägt herzförmige Früchte.

Blätter: Mittelgroß, mit drei ovalen, spitz zulaufenden Blättchen, an den Rändern stark gezähnt, geädert, leicht glänzend, hell- bis dunkelgrün.

Blüten: Mittelgroß, mit fünf weißen Blütenblättern.

Früchte: Fleischiger Blütenboden, leuchtend rot, rosafarben oder weißgelblich (je nach Varietät), von der Größe einer großen Nuss, herz- oder eiförmig, an der Oberfläche mit kleinen, gelben „Kernen" (sogenannten Nüsschen) versehen, mit sehr saftigem und süßem bis mehr oder weniger saurem Fleisch (Reifezeit Mai bis Oktober).

Standort: Zuchtpflanze, die in Gärten angebaut wird oder als Walderdbeere (Fragaria vesca) wild im Unterholz der Wälder, in feuchten und schattigen Gräben vorkommt.

Ernte

Idealerweise ernten Sie Erdbeeren morgens
oder abends, denn wenn sie bei vollem Sonnenschein gepflückt werden, bekommen sie leichter
Schadstellen. Erdbeeren halten sich nur kurz
(maximal zwei Tage), selbst wenn man sie mit
Stielen lagert. Deshalb ist es empfehlenswert, sie
möglichst schnell zu essen oder zu verarbeiten.
Wie bei Tomaten ist die Aufbewahrung im Kühlschrank nicht ratsam, da dies den Geschmack
der Früchte beeinflusst. Am besten eignet sich
zur Lagerung ein kühles Zimmer oder ein Keller-
raum.

Anbau

Wie bei den Himbeeren gibt es einmal tragende
und mehrfach tragende Sorten. Erstere tragen
drei bis vier Wochen lang, von etwa Mitte Mai
bis Juli. Letztere bringen von Frühjahr bis Herbst
Früchte hervor, mit einer einmonatigen Pause im
Juli, liefern aber insgesamt weniger Ertrag. Zu
den besten europäischen und alten Sorten zählen
„Capron royal" (Geschmack von Walderdbeeren),
„Madame Moutot" (sehr große Früchte, bis zu 20
Gramm schwer!) und „Weiße Ananas" (mit gel-
bem Fleisch, sehr aromatisch).
Boden: Mit Komposterde leicht angereicherter
Boden, feucht, kühl und gut entwässert. Erdbeer-
pflanzen mögen kalkhaltige Böden nicht.
Standort: Sehr sonnig, aber windgeschützt.
Pflege: Mulchen, um die Feuchtigkeit zu halten,
regelmäßig gießen, unnötige Ausläufer entfernen
(sie schwächen die Pflanze) und eventuell Verein-
zelung der Pflanzen.
Vermehrung: Aussaat, abmoosen der Ausläufer,
Teilung der Pflanzen.

Inhaltsstoffe und Eigenschaften

Ein Aufguss aus vor der Blüte gepflückten jungen Erdbeerblättern soll harntreibend und blutreinigend wirken. Mit dem Aufguss zu gurgeln, soll bei Halsentzündungen Linderung bringen. Erdbeeren enthalten viel Wasser (90 Prozent ihres Gewichts) und führen dem Körper im Sommer Flüssigkeit zu. Da sie reich an den Vitaminen A, B und C sowie den Mineralstoffen Phosphor, Kalzium und Eisen sind, gelten sie als kräftigendes Mittel für den gesamten Organismus.

Verwendung in der Küche

- Roh (Vorsicht: Risiko durch Fuchsbandwurm bei Walderdbeeren, siehe Seite 9) und gekocht essbar.
- Gewinnung von Saft, indem die Beeren in Zucker und Zitronensaft eingelegt werden, und von Fruchtfleisch mithilfe eines Mixers.
- Kompott, Torte, Kuchen, Geleekonfekt aus Fruchtmark (Seite 56), Konfitüre (Seite 124), Sirup (Seite 148), Essig (Seite 134), Likör (Seite 36), Desserts …
- Aufbewahrung von ganzen Früchten im Gefrierschrank nicht empfehlenswert, aber für das gemixte Fruchtfleisch denkbar.

Erdbeer-
Wein-Aspik

Wer Erdbeeren, Wein und Gewürze mag, wird diese fruchtige Geleespeise lieben, die wunderbar als Dessert nach einem üppigen Mahl passt.

Für 8 Portionen: 200 ml guter Rotwein • 700 ml Wasser • 200 g Rohrzucker • 1 Vanilleschote • 1 Prise gemahlene Gewürznelken • 1 Prise gemahlener Zimt • 1 Stück Sternanis • 2 TL Agar-Agar • 500 g Erdbeeren.

32
Beeren
aus dem Garten

Rezept

1. Den Rotwein mit dem Wasser und dem Zucker in einen Topf füllen.
2. Die Vanilleschote der Länge nach aufschneiden und das Mark mit der Spitze eines Messers herauskratzen. Zusammen mit den anderen Gewürzen zur flüssigen Mischung hinzufügen.
3. Langsam zum Kochen bringen, dann auf kleiner Flamme 10 Minuten köcheln lassen und dabei gelegentlich umrühren.
4. Die Herdplatte ausstellen, den Topf abdecken und bei Zimmertemperatur 24 Stunden ruhen lassen.
5. Am nächsten Tag den entstandenen Saft filtern. Agar-Agar hinzufügen, mit dem Schneebesen schlagen, langsam erhitzen und 30 Sekunden kochen lassen.
6. Während die gelierende Mischung abkühlt, gegebenenfalls die Erdbeeren waschen, die Stiele entfernen und die Früchte in dünne Scheiben schneiden.
7. Die Erdbeerscheiben in acht kleine, biegsame Schälchen füllen (in der Größe von Muffinförmchen). Den lauwarmen, aber noch flüssigen Saft darübergießen.
8. Die Schälchen für mindestens 6 Stunden in den Kühlschrank stellen, dann den Aspik vorsichtig stürzen.

Erdbeer-Trifle

Haben Sie Lust auf ein faszinierendes, köstliches und leicht vorzubereitendes Dessert? Dann ist ein Trifle genau das Richtige! Dieser englische Nachtisch wird traditionell in einer Kompottschüssel serviert, die möglichst durchsichtig sein sollte, weil es schöner aussieht. Der Trifle besteht aus Biskuitschichten, Vanillecreme und Früchten (manchmal mit Alkohol). Wenn Sie Erdbeeren verwenden, ist Ihnen der Erfolg sicher.

Für 6 bis 8 Portionen: 1,5 l Sojamilch • 8 Eigelb • 150 g heller Rohrzucker
• 2 EL Pfeilwurzelmehl (oder Maisstärke) • 2 EL flüssiges Vanilleextrakt • 1 kg Erdbeeren
• 500 g Löffelbiskuits • 50 g Mandelblättchen.

1. Die Sojamilch in einen Topf gießen und langsam zum Kochen bringen.
2. Währenddessen in einer Schüssel Eigelb mit Zucker, Pfeilwurzelmehl und flüssiger Vanille mit dem Schneebesen schlagen, bis die Mischung weiß wird.
3. Die kochende Milch auf die Mischung gießen und sofort mit dem Schneebesen schlagen, damit das Eigelb nicht fest wird.
4. Die Milchmischung in den Topf füllen. Unter ständigem Rühren erneut auf kleiner Flamme erhitzen, bis diese englische Creme eindickt. Nicht kochen lassen.
5. Die Erdbeeren waschen und entstielen. Die schönsten und größten Früchte für den Rand der Schüssel aufheben (ungefähr 400 g). Diese Früchte der Länge nach halbieren, die restlichen Erdbeeren vierteln.
6. Den Trifle einschichten: Ein Drittel der Löffelbiskuits einzeln in die englische Creme tauchen und auf den Boden der Schüssel legen. Die Hälfte der großen Erdbeeren entlang des Schüsselrands anordnen, sodass sie sich mit der Schnittfläche nach außen direkt am Rand befinden. Ein Drittel der klein geschnittenen Erdbeeren in die Mitte der Schüssel füllen, dann ein Drittel der englischen Creme darübergießen. Den Vorgang wiederholen, indem Sie ein weiteres Drittel der Löffelbiskuits in die englische Creme tauchen, und so weiter.
7. Die Mandelblättchen in einer Pfanne rösten und auf der letzten Trifle-Schicht verteilen. Vor dem Verzehr 24 Stunden lang in den Kühlschrank stellen.

Tipp: Wer kein Gluten verträgt, kann sich seine Löffelbiskuits aus Reismehl selbst herstellen. Dazu backen Sie zwei Biskuitrollen (siehe das Rezept „Himbeer-Biskuitrolle" auf Seite 44) und schneiden diese in 3 x 10 cm große Rechtecke. Wer sich eifrei ernährt, ersetzt die englische Creme durch Sojacreme mit Vanillegeschmack (mit ein wenig Sojamilch verdünnt, um die Masse geschmeidiger zu machen).

Erdbeer**likör**

Ob als Verdauungsschnaps oder zum Backen –
dieser Likör schmeckt einfach himmlisch nach
Erdbeeren!

Für 2,3 l Likör: 1 kg aromatische Erdbeeren • Saft 1 Zitrone • 1 kg heller Rohrzucker
• 1 l Obstler (40 % Vol.).

36
Beeren
aus dem Garten

Rezept

1. Die Erdbeeren gegebenenfalls waschen, entstielen und halbieren.
2. Die Früchte in einer großen Schüssel mit dem Zitronensaft und dem Zucker
   verrühren. Abdecken und 24 Stunden lang bei Zimmertemperatur ruhen lassen.
3. Den Obstler hinzufügen, umrühren und in eine große, vor Licht geschützte Korbflasche oder einen großen Steinkrug umfüllen. 1 Monat lang ziehen
   lassen.
4. Die Mischung durch ein feines Sieb gießen. Die eingelegten Früchte für einen
   Nachtisch verwenden, z. B. einen Pudding.
5. Dann den Likör durch einen Kaffeefilter gießen.
6. In Flaschen abfüllen und bis zu einem Jahr an einem kühlen, vor Licht geschützten Ort aufbewahren.

HIMBEEREN
Rubus idaeus L. (Rosaceae)
Frucht: Himbeere, framboise, raspberry

Hätten Sie gewusst, dass Himbeeren zur selben Familie gehören wie
Brombeeren (Seite 130)? Es handelt sich um die Familie Rosaceae
(Rosengewächse) und die Gattung Rubus. Tatsächlich gibt es innerhalb
dieser Gattung so viele verschiedene Sorten (mehrere Hundert), dass
sogar eine neue Disziplin der spezifischen Klassifizierung entstanden ist:
die Batologie (Rubus-Forschung). Aus botanischer Sicht ähneln sie sich
aufgrund der Form ihrer Früchte – kleine Kugeln (Steinfrüchtchen), die
zusammenhängen, sehr saftig sind und einen Samen enthalten. Unterschiedlich sieht ihr Hauptstiel aus, der sich bei der Himbeere herauszie-
hen lässt und dann einen Hohlraum hinterlässt (den Kinder gerne füllen,
indem sie ihren kleinen Finger hineinstecken!). Die Himbeere ist eine
unserer ältesten Früchte. Bei archäologischen Ausgrabungen konnte
man feststellen, dass sie bereits zur Nahrung unserer Jäger-und-Samm-
ler-Vorfahren gehörte. In seinem Werk zur Naturgeschichte spricht der
römische Naturforscher Plinius der Ältere (1. Jahrhundert n. Chr.) von
Himbeersträuchern, die er in Hülle und Fülle im griechischen Ida-Gebirge
gesehen habe. Diese Erwähnung zeigt, dass die Himbeere im Süden
Europas seltener ist und sich an kühlere Standorte zurückzieht.

Allgemeine Eigenschaften: Dichter, grüner Strauch, 1 bis 2 Meter
hoch, mit langen, vom Boden ausgehenden Stängeln, die mit einigen
feinen Stacheln (häufig am Fuß) besetzt sind und Wurzelsprossen her-
vorbringen.

Blätter: Drei- bis fünfteilig, mittelgroß, weich, oval und spitz zulaufend,
an den Rändern gesägt, dornig auf der unteren Blattaderung, auf der
Blattunterseite durch feine Behaarung heller als auf der Oberseite („weiß-
filzig").

Blüten: Klein, weiß bis rosafarben, mit fünf Blütenblättern.

Früchte: Sammelsteinfrucht, in der Regel rot, bei Zuchtformen aber
auch schwarz, weiß, gelb oder orange, 1 bis 2,5 Zentimeter lang, saftig,
süß und mäßig sauer (Reifezeit Juli bis Oktober).

Standort: Die Wildform ist Erstbesiedler auf gestörten Standorten wie
Waldschlägen und -lichtungen sowie an Wald- und Wegrändern und
kommt vom Tiefland bis in die Gebirgsstufe vor.

Ernte

Himbeeren sind reif, wenn sie sich leicht vom Stiel abziehen lassen. Es ist ratsam, sie sofort in eine Schale zu legen, da die Früchte leicht zerquetscht werden.

Anbau

Man unterscheidet bei den Himbeeren zwei verschiedene Sorten: die einmal tragenden Sommerhimbeeren und die Herbsthimbeeren, die zweimal im Jahr tragen – im Juni/Juli und im September/Oktober (sogenannte „remontierende" Sorten). Wählen Sie nicht nur die typisch himbeerfarbenen Sorten! Es gibt auch weiße, gelbe, orangefarbene und sogar schwarze Himbeeren – wahre Geschenke für die Augen und Geschmacksknospen.

Boden: Jede Art von Boden, aber bevorzugt gut entwässert, kühl und mit etwas Kompost angereichert (nitratreich).

Standort: Durchweg sonnig, in wärmeren Gegenden auch gern kühler mit hoher Luftfeuchte.

Pflege: Im ersten Jahr regelmäßig gießen; im Spätherbst die trockenen Triebe entfernen.

Vermehrung: Aussaat oder Vermehrung durch Stecklinge oder Absenker im Winter, im Frühling die Stöcke teilen.

Inhaltsstoffe und Eigenschaften

Die Himbeere hat dieselben Eigenschaften wie die Brombeere (siehe Seite 130). Dank ihres hohen Wassergehalts führt sie dem Körper Flüssigkeit zu, und aufgrund des Ballaststoffgehalts der Kerne (botanisch richtig: Steine) wirkt sie leicht abführend. Sie gehört zu den Früchten mit dem höchsten Eisen-, Kalium- und Magnesiumgehalt. Bis zum Mittelalter wurde sie ausschließlich zu medizinischen Zwecken angebaut.

Verwendung in der Küche

• Roh und gekocht essbare Beere.
• Gewinnung von Saft mit dem Entsafter und von flüssigem Püree mit dem Sieb.
• Verarbeitung zu Kompott, Torte, Geleekonfekt aus Fruchtmark (Seite 56), Fruchtleder (in einer Kombination mit Banane, Seite 42), Gelee (Seite 24), Sirup (Seite 148), Likör (Seite 36), Essig (Seite 134) …
• Aufbewahrung im Gefrierschrank.

Himbeerleder

In den Vereinigten Staaten sind Fruchtleder sehr beliebt – insbesondere bei den Rohköstlern. Es handelt sich dabei um Fruchtfleisch, das dünn ausgerollt und dann getrocknet wird. Himbeerleder erfreut sich auch aufgrund seiner schönen, roten Farbe und des leicht säuerlichen Geschmacks großer Beliebtheit.

Für 1 Himbeerfruchtleder: 250 g Himbeeren • 70 g heller Rohrzucker • 70 g reife Banane.

1. Alle Zutaten miteinander verrühren.
2. Die Mischung durch ein feines Sieb streichen.
3. Dann die Mischung 2 bis 3 mm dick auf das mit Antihaftpapier ausgelegte Blech eines Dörrgeräts streichen (wird zusammen mit dem Automaten verkauft) oder auf ein mit Backpapier ausgelegtes Blech.
4. Die Fruchtmasse zunächst 30 Minuten bei 60 °C, dann 3½ Stunden bei 47 °C trocknen, wenn ein Dörrgerät verwendet wird, beziehungsweise 6 Stunden bei 50 °C bei einer Trocknung im Backofen.
5. Das Fruchtleder vorsichtig vom Papier lösen. Es muss sich ganz trocken und weich anfühlen.
6. Das Fruchtleder bei Zimmertemperatur zwischen zwei Bögen Backpapier und in Frischhaltefolie eingewickelt aufbewahren.

Tipp: Die Trockendauer variiert je nach Dörrautomat beziehungsweise Backofen. Erhöhen Sie aber auf keinen Fall die Temperatur, denn das Fruchtleder darf nicht gebacken werden. Sollte das Fruchtleder sich nach der angegebenen Zeit noch feucht anfühlen, setzen Sie die Trocknung fort, bis es sich problemlos vom Papier lösen lässt und weich anfühlt.

Himbeer-
Biskuitrolle

Die Besonderheit dieses Rezepts liegt in der Verwendung von rohen Himbeeren. Für die Füllung werden die Früchte einfach zerdrückt und mit Frischkäse und Zucker verrührt, während die Oberfläche der Biskuitrolle in ein köstliches Fruchtleder verwandelt wird. Ein erstklassiger, frischer und sehr leichter Kuchen.

Für 6 bis 8 Portionen: **Biskuitrolle:** 5 Eier • 110 g heller Rohrzucker • 1 Prise Salz • 60 g Reismehl • 60 g Pfeilwurzelmehl (oder Maisstärke) • 1 Himbeerleder (siehe Seite 42). **Zum Garnieren:** 120 g Frischkäse aus Schafsmilch (bzw. Brocciu oder Ricotta) • 120 g Himbeeren • 30 g heller Rohrzucker.

1. Den Backofen auf 180 °C vorheizen. Die Eier trennen und das Eiweiß beiseitestellen. Das Eigelb mit dem Zucker verrühren, bis die Mischung weißlich wird.
2. Das Eiweiß mit dem Salz zu Eischnee schlagen. Zunächst langsam schlagen, dann die Geschwindigkeit erhöhen, damit der Eischnee schön fest wird.
3. Den Eischnee mit einem weichen Teigschaber vorsichtig unter die Eigelbmasse heben.
4. Das Reismehl zusammen mit dem Pfeilwurzelmehl sieben, dann in die Eimasse einrieseln lassen.
5. Ein Backblech mit Backpapier auslegen. Den Teig daraufgießen, die Oberfläche glatt streichen und 10 Minuten backen.
6. Währenddessen den Frischkäse in einer Schüssel schlagen, damit er cremig wird. Die Himbeeren grob zerdrücken, sodass noch Stücke erhalten bleiben.
7. Den Biskuit aus dem Backofen holen und auf ein großes Stück Backpapier stürzen. Das obere Backpapier abziehen. Dann die Oberfläche des Biskuits mit dem Frischkäse bestreichen, die Himbeeren darauf verteilen und mit Zucker bestreuen.
8. Den Biskuit mithilfe des unteren Backpapiers aufrollen. Die Biskuitrolle in Frischhaltefolie einwickeln und für 6 Stunden in den Kühlschrank stellen.
9. Die Biskuitrolle auswickeln und in das Fruchtleder einwickeln. Die Ränder mit einem scharfen Messer abschneiden, dann mit frischen Himbeeren garnieren.

Geeister Himbeer-Frischkäse

Mit diesem Rezept können Sie im Handumdrehen ein leckeres Eis herstellen, das noch dazu toll aussieht.

46
Beeren
aus dem Garten

Rezept

Für 4 Portionen: 90 g Frischkäse • 100 g Himbeeren • 50 ml Agavensirup.

1. Alle Zutaten miteinander verrühren, bis eine weiche Creme entstanden ist.
2. Die Creme auf vier Förmchen (oder leere Joghurtbecher) verteilen. Jeweils ein Holzstäbchen in die Mitte stecken.
3. Die Förmchen für mindestens 12 Stunden in den Gefrierschrank stellen.
4. Wenn die Masse gefroren ist, die Förmchen kurz unter heißes Wasser halten. Dann das Eis aus der Form lösen und genießen.

ROTE JOHANNISBEEREN

Ribes rubrum L. (Grossulariaceae)

Frucht: Rote Johannisbeere, rote Ribisel,
groseille, red currant, redcurrant

Diese kleine Kulturperle glänzt und leuchtet farbenfroh. Die Rote Johannisbeere ist im Sommer eine der ersten Beeren, an denen man sich erfreuen kann. Wild kommt sie in den kalten und gemäßigten Regionen Europas vor. Der Name Johannisbeere ist vom Johannistag (24. Juni) abgeleitet, denn um diese Zeit werden die ersten Früchte reif. Wenn Sie die Gelegenheit haben, eine große Menge dieser Beeren zu ernten, werden Sie bevorzugt Gelee daraus machen, denn in einer Konfitüre sind die Kerne störend. Im französischen Ort Bar-le-Duc hat eine jahrhundertealte Tradition überdauert: die Produktion des sogenannten „caviar lorrain". Dabei handelt es sich um eine Konfitüre aus roten Johannisbeeren, die mit einer Gänsefeder entkernt wurden. Nur Spezialisten können diese hochwertige süße Köstlichkeit herstellen, die schon im 14. Jahrhundert genossen wurde.

Allgemeine Eigenschaften: 1 bis 2 Meter hoher Strauch mit aufrechten, belaubten Zweigen.

Blätter: Mittelgroß, drei- bis fünffach handförmig gelappt, am Rand grob gesägt, hellgrün, unterseits oft behaart, Blattstiel ebenso lang wie das Blatt.

Blüten: Gelblich-grün, zu hängenden Trauben gruppiert, sehr nektarreich.

Früchte: Kugelige rote, rosafarbene oder weiße Beeren (je nach Sorte), glatt und glänzend, von der Größe einer Erbse, mit saftigem Fleisch, leicht süß bis sehr sauer (Reifezeit Juni bis Juli).

Standort: In Gärten verbreitet; seltener wild. Naturvorkommen sind, wie bei der Schwarzen Johannisbeere, ungesichert, da schon lang in Kultur und aus dieser häufig auswildernd. Naturnahe Vorkommen werden aus Au- und Schluchtwäldern des Oberrheingrabens sowie aus dem Kraichgau und Neckargebiet angegeben; bevorzugt Halbschatten.

Ernte

Damit sich die Johannisbeeren besser halten,
empfiehlt es sich, ganze Trauben zu pflücken. Die
Beeren sind sehr empfindlich und sollten in Holz-
schalen aufbewahrt werden.

Anbau

Im Gegensatz zu einigen Sorten Schwarzer
Johannisbeeren können sich alle Sorten Roter
Johannisbeeren ohne Fremdbestäubung reprodu-
zieren. Daher können Sie verschiedene Sorten anpflanzen – z. B. „Gloire des sablons" (rosafarben)
und „Versaillaise blanche". Johannisbeersträucher
sind sehr nektarreich, liefern gute Erträge und halten Kälte bis zu –20 °C aus.
Boden: Kühle und feuchte Böden, die aber nicht
durchnässt sein sollen, da sonst die Wurzeln fau-
len; etwas Kompost. Im Gegensatz zu Schwarzen
Johannisbeeren, die auch in leicht (aber nicht zu
stark) kalkhaltigen Böden wachsen, vertragen
Rote Johannisbeeren kalkhaltige Böden nicht.
Standort: Schattig, im Norden auch sonnig.
Pflege: Mulchen, um die Feuchtigkeit zu halten,
bei großer Hitze gießen, Kompost im Herbst, die
ältesten Zweige am Ende des Winters schneiden
(außerhalb der Frostperioden).
Vermehrung: Aussaat 2 Zentimeter tief in sandigem Boden (Dauer bis zur Keimung: 6 bis 8 Wochen), oder Vermehrung durch Stecklinge.

Inhaltsstoffe und Eigenschaften

Werden rote Johannisbeeren vor einer Mahlzeit gegessen, können sie appetitanregend wirken. Man schätzt sie insbesondere aufgrund ihrer belebenden Eigenschaften, die auf ihren Vitamin-C-Gehalt zurückgeführt werden. Auch sollen sie verdauungsfördernd, harntreibend und wegen des hohen Ballaststoffgehalts der Kerne leicht abführend sein.

Verwendung in der Küche

- Roh und gekocht essbare Beere
- Gewinnung von Saft mit dem Entsafter und von Fruchtfleisch mit dem Sieb.
- Verarbeitung zu Kompott (gemischt mit anderen Früchten), Torte, Kuchen, Geleekonfekt aus Fruchtmark (Seite 56), Fruchtleder (gemischt mit Banane, Seite 42), Gelee (Seite 24 , Sirup (Seite 148), Sorbet (beispielsweise gemischt mit Pfirsich, Seite 90), Essig (Seite 134) ..
- Aufbewahrung im Gefrierschrank.

Regenbogen salat

Dieser farbenfrohe Salat kombiniert verschiedenste Geschmacksrichtungen und ist überdies nicht nur ein Gaumen-, sondern auch ein Augenschmaus. Für die fruchtige Note habe ich ganze Johannisbeeren hinzugefügt sowie eine Vinaigrette auf der Grundlage frisch gepressten Johannisbeersafts verwendet.

Für 4 Portionen: 100 g Bulgur • 200 g Salatgurke • 150 g Möhren • 1 Bund Schnittlauch • 1 Bund glatte Petersilie • 200 g gelbe Zucchini • 80 g Kürbiskerne • 280 g rote Johannisbeeren • 100 g Zuckermais • 30 g gekeimte Alfalfa-Samen • 30 g gekeimte Rettichsamen • 100 ml Olivenöl • 1 Prise Salz.

1. In einem Topf Wasser zum Kochen bringen. Den Bulgur hinzufügen und bei niedriger Hitze 10 Minuten kochen lassen. Abgießen, mit kaltem Wasser abspülen und erneut abtropfen lassen.
2. Die Salatgurke waschen und mit einem Gemüsehobel in feine Scheiben schneiden.
3. Die Möhren schälen und auf dieselbe Weise schneiden.
4. Den Schnittlauch waschen und fein hacken.
5. Von der Petersilie die Blätter abzupfen, waschen und hacken.
6. Die Zucchini waschen und in kleine Würfel schneiden.
7. Die Kürbiskerne in einer Pfanne ohne Öl bei niedriger Hitze rösten.
8. Die Johannisbeeren waschen. 80 g von den Stielen lösen.
9. All diese Zutaten zusammen mit dem Mais und den gekeimten Samen in einer großen Schüssel verrühren.
10. Die restlichen 200 g Johannisbeeren durch ein feines Sieb streichen (oder einen Entsafter verwenden, wenn Sie eine größere Menge erhalten wollen). Olivenöl und Salz hinzufügen.
11. Den Salat auf vier Tellern anrichten und mit der Johannisbeer-Vinaigrette beträufeln.

Johannisbeer-Pistazien-Muffins

Diese kleinen, weichen Kuchen lassen sich hervorragend mit roten Früchten kombinieren. Probieren Sie einmal diese Variante mit roten Johannisbeeren und Pistazien – einfach köstlich!

Für ein Dutzend Muffins: **Trockene Zutaten:** 200 g Weizenmehl (Type 812) • 50 g gemahlene Pistazien • 50 g gehackte Pistazien • 130 g heller Rohrzucker • abgeriebene Schale einer Zitrone • 1 Päckchen Trockenhefe.
Flüssige Zutaten: 2 Eier • 200 g Joghurt (z. B. aus Schafsmilch oder Soja) • 80 g Mandelmus • 50 ml Milch (z. B. Soja- oder Hafermilch) • 200 g rote Johannisbeeren.

1. Den Backofen auf 180 °C vorheizen.
2. Alle trockenen Zutaten in einer großen Schüssel verrühren, dabei 10 g der gehackten Pistazien zurückbehalten.
3. In einer weiteren Schüssel die flüssigen Zutaten mit Ausnahme der Johannisbeeren verrühren, dann auch die Beeren hinzufügen.
4. Die Mischung der flüssigen Zutaten auf die Mischung der trockenen Zutaten gießen, dann mit einem Kochlöffel aus Holz verrühren. Versuchen Sie nicht, eine glatte Masse herzustellen: Der Teig muss ein wenig klumpig bleiben.
5. Den Teig in ein Dutzend Muffinformen füllen, die restlichen gehackten Pistazien darüberstreuen und die Muffins für 25 Minuten in den Backofen schieben, bis sie eine goldbraune Farbe angenommen haben.

Tipp: Diese Muffins können Sie auch mit Tiefkühl-Johannisbeeren backen. Rühren Sie diese erst im letzten Moment unter den Teig, damit sie nicht vorzeitig auftauen und den Teig zu weich werden lassen.

Johannisbeer-Geleekonfekt nach Großmutters Art

Diese weiche Leckerei schmeckt säuerlich und steht industriell gefertigten Bonbons in nichts nach. Einfach das Fruchtfleisch von roten Johannisbeeren mit Rohrzucker kombinieren – schon ist die fruchtige Köstlichkeit fertig.

Für etwa 40 Stücke Geleekonfekt: 500 ml Fruchtmark roter Johannisbeeren (oder 300 ml Saft roter Johannisbeeren + 200 g Apfelkompott) • 500 g heller Rohrzucker + 100 g für die Dekoration • 2 TL Sonnenblumenöl.

1. Das Fruchtfleisch der roten Johannisbeeren und den Zucker in einem großen Kochtopf mit dickem Boden verrühren. Die Mischung langsam zum Kochen bringen.
2. Währenddessen eine rechteckige Kuchenform mit Backpapier auslegen und 1 bis 2 mm dick Zucker auf den Boden streuen.
3. Die Johannisbeermischung auf kleiner Flamme ungefähr 20 Minuten köcheln lassen. Dabei anfangs gelegentlich, später ununterbrochen umrühren, bis im Topf eine weiche und dicke Masse entsteht.
4. Diese Masse sofort in die Form gießen und glatt streichen.
5. Mit etwas Rohrzucker bestreuen und in einem Schrank oder einer Kammer ein bis zwei Tage trocknen lassen.
6. Das Backpapier vorsichtig entfernen. Die klebende Seite des Konfekts mit Zucker bestreuen.
7. Mithilfe eines scharfen Messers, das in Öl getaucht wurde, die Masse in kleine Quadrate mit 2 bis 3 cm Seitenlänge schneiden und in Zucker wälzen.
8. Das Geleekonfekt auf ein großes, mit Backpapier ausgelegtes Brett legen und noch einmal zwei Tage trocknen lassen.

STACHELBEEREN
Ribes uva-crispa L. (Grossulariaceae)
Frucht: Stachelbeere, groseille à maquereau, *gooseberry*

Dieser Strauch aus der Gattung der Johannisbeeren hat in anderen Sprachen recht seltsame Namen. Auf Französisch wird die Stachelbeere „Makrelen-Johannisbeere" genannt, da Holländer und Engländer die Früchte gerne in einer säuerlich schmeckenden Sauce verarbeiten, die sie zu eben diesem Fisch reichen. In Shakespeares Sprache wird sie als „Gänsebeere" (gooseberry) bezeichnet – vielleicht, weil sie schon seit Jahrhunderten mit diesem Geflügel zusammen gegessen wird und dazu beiträgt, dass dessen bekanntermaßen fettes Fleisch leichter verdaulich ist. Die Angelsachsen begeisterten sich seit dem 18. Jahrhundert für Stachelbeeren und züchteten rund hundert verschiedene Sorten. Ein möglicher Grund dafür wird von einigen Botanikern aufgezeigt: Im Mittelalter gab es auf den Britischen Inseln keine Weintrauben, um den berühmten Verjus herzustellen – einen sauren Saft aus unreifen Trauben, der die Konservierung von Fleisch und Fisch erleichterte. Stachelbeersaft war folglich in dieser Hinsicht nützlich. Eigentlich sollte man diesen Strauch „Kraftbeere" nennen, um seine Robustheit zu betonen, denn er wächst in jedem Boden, ist sehr widerstandsfähig, produktiv und durch seine zahlreichen Stacheln auch wehrhaft.

Allgemeine Eigenschaften: 50 Zentimeter bis 1,50 Meter hoher, dichter Strauch mit aufrechten Zweigen mit perlmuttfarbener Rinde, sehr stachelig (mit Ausnahme einiger Zuchtformen) und dicht belaubt.

Blätter: Klein, drei- oder fünffach handförmig gelappt, die Lappen dreieckig und gezackt, satt grün, mit kurzem Blattstiel.

Blüten: Zu ein bis drei in den Blattachseln, Kelchblätter grünlich und rot, die eigentlichen Blütenblätter unscheinbarer, weißlich.

Früchte: Große, runde Beeren, grünlich bis weinrot, glatt (Zuchtformen) oder fein behaart (Wildformen), von der Größe einer Weintraube, mit fester Haut und durchscheinendem Fleisch. Saftig, recht süß und sauer (Reifezeit Juni bis Juli).

Standort: In Gärten verbreitete Art. Wild sehr verbreitet (aber zerstreut) in ganz Europa bis Nordafrika, nach Osten bis China, dann bevorzugt auf mäßig trockenen bis feuchten Böden in Gebüschen, Schluchtwäldern sowie an Waldrändern, Hecken und aufgelassenen Weinbergen, gern auf steinigen, kalkreichen Böden (im Halbschatten).

Ernte

Die Haut dieser Beeren ist sehr fest, sodass die Ernte problemlos und schnell von der Hand geht. Tragen Sie zum Schutz vor den Stacheln beim Pflücken Handschuhe.

Anbau

Stachelbeeren sind anspruchslos, sehr widerstandsfähig und produktiv. Mit den weniger stacheligen Sorten können Sie eine schöne Schutzhecke heranziehen.

Boden: Für jeden Bodentyp geeignet, gern basen- oder kalkreich.

Standort: Hell, aber nicht in praller Sonne (halbschattig), windgeschützt.

Pflege: Mulchen, um die Feuchtigkeit zu halten, Kompost im Herbst, Schnitt der inneren Zweige im Winter, um den Strauch auszudünnen und das Wachstum nach oben zu beeinflussen.

Vermehrung: Abmoosen (Ringmethode), Vermehrung durch Stecklinge.

Inhaltsstoffe und Eigenschaften

Die Volksmedizin schreibt der Frucht verdauungsfördernde und abführende Eigenschaften zu, die auf ihre schleimigen Samen zurückgeführt werden.

Verwendung in der Küche

• Roh und gekocht essbare Beere. Denken Sie daran, das dunkle Ende zu entfernen, wenn es zu fest ist.

• Gewinnung von Saft, indem Sie die Früchte in einem Topf aufplatzen lassen, und von Fruchtfleisch mithilfe eines Siebs.

• Verarbeitung zu Kompott, Torte, Kuchen, Geleekonfekt aus Fruchtmark (Seite 56), Konfitüre (Seite 124), Gelee (Seite 24), Sorbet (Seite 90), Essig (Seite 134), Sauce (aus Beeren, die gerade erst reif werden) …

• Aufbewahrung im Gefrierschrank oder im Glas (Haltbarmachung durch Sterilisation).

Stachelbeer-Chutney

Ob auf Toast mit Schafskäse oder zu Bratkartoffeln – dieses süßsaure Chutney hat eine ganz besonders fruchtige und erfrischende Note.

60
Beeren
aus dem Garten

Rezept

Für 2 Gläser à 250 g: 500 g Stachelbeeren • 250 g heller Rohrzucker • 180 ml Apfelessig • 180 g geschälte und in dünne Scheiben geschnittene Zwiebeln • 1 EL zerstoßene Anissamen • 1 TL zerstoßener Kreuzkümmel • 1 ordentliche Prise Salz • 1 ordentliche Prise frisch gemahlener schwarzer Pfeffer.

1. Die Stachelbeeren waschen. Wenn sie groß sind, halbieren; andernfalls grob mit der Hand zerdrücken.
2. Die Beeren zusammen mit den übrigen Zutaten in einen großen Kochtopf füllen. Bei mittlerer Hitze unter ständigem Rühren erwärmen.
3. Das Chutney ist fertig, wenn es anfängt, einzudicken und die Konsistenz einer Marmelade zu bekommen.
4. In zwei Gläser füllen, die zuvor mit kochendem Wasser ausgespült wurden.
5. Die Gläser verschließen und an einem kühlen, trockenen Ort aufbewahren.

WEINTRAUBEN
Vitis vinifera L. (Vitaceae)
Frucht: Weintraube, Weinbeere, raisin, grape

Griechischen Seeleuten, die aus Phönizien kamen, verdanken wir die Einfuhr von Weinstöcken nach Gallien – und zwar über die Stadt Massalia (Marseille), die sie 600 v. Chr. gegründet hatten. Der Ranken treibende Strauch wurde dann in unseren Breiten nutzbar gemacht, um Wein zu produzieren. Die Verbreitung der Weinstöcke bis in den Norden Europas ist tatsächlich eng mit der Weinherstellung verbunden. Erst ab dem 20. Jahrhundert betrachtet man Weinbeeren auch als eigenständige Frucht, die man essen kann. Wenn Sie Ihre Trauben in Bio-Qualität kaufen (es werden häufig die Sorten „Muscat" und „Gutedel" angeboten), sollten Sie darauf achten, dass die Beeren von einem sogenannten „Duftfilm" (einem weißen, mehlartigen und abwischbaren Reifbelag) bedeckt sind und dass der Blütenstiel schön grün ist (Garantie für Frische). Wein ist als Kulturpflanze in vielen, insbesondere südlichen Regionen Deutschlands anzutreffen – doch wie steht es mit wild wachsendem Wein? Man findet ihn nur in Auwäldern im Oberrheingebiet, wo er seine absolute Nordgrenze erreicht. Hier war die Rebe ehemals sogar recht häufig anzutreffen (bis nach Südhessen), wurde aber durch die Tullaschen Rheinbegradigungen massiv verdrängt, da weite Auwaldbereiche verloren gingen. Daher wächst der Wein heute sehr selten wild und gehört als „vom Aussterben bedroht" zu den „streng geschützten" Pflanzen in der Bundesartenschutzverordnung.

Allgemeine Eigenschaften: Liane mit verzweigten Sprossranken unterschiedlicher Länge (bis zu 40 m), die bei Kulturpflanzen angebunden werden; bei der Wildform ranken sie gerne auf Stieleichen, Ulmen und Pappeln. Mit rissiger Rinde, die in Streifen herunterhängt. Trägt Beeren in Traubenform.

Blätter: Groß, handförmig geteilt, an den Rändern gezähnt, mit einem langen Blattstiel und weiter Stielbucht. Junge Blätter hellgrün, im Herbst gelb, orange und rot gefleckt.

Blüten: Winzig, in pyramidenförmigen Blütenständen, weiß bis hellgrün.

Früchte: Kugelige, schwarzblaue oder grüngelbe Beeren (je nach Sorte), von einem reifartigen Belag („Duftfilm") bedeckt, unterschiedlicher Größe (1 bis 3 cm Durchmesser), zu Trauben gruppiert, mit sehr fruchtigem, sehr süßem und weniger saurem Fleisch (Reifezeit August bis November).

Standort: In den sonnenreichen Gebieten insbesondere im Süden Deutschlands weit verbreitet angebaute Art. Die Wilde Weinrebe (*Vitis vinifera subsp. sylvestris*) kommt in Deutschland nur im Oberrheingebiet vor (nördlich bis Mannheim), in Südhessen gilt sie als ausgestorben. In Mitteleuropa noch im Wallis/Schweiz und in Niederösterreich in den Auwäldern an Donau und March weit verbreitet.

Botanischer Steckbrief

Ernte

Im Garten werden die Weinbeeren geerntet,
wenn sie schon gut reif sind (bei Berührung
weich). Zögern Sie nicht, die Trauben länger am
Stock reifen zu lassen, damit sie einen höheren
Zuckergehalt entwickeln, denn sie reifen nach
dem Pflücken nicht nach. Die Früchte der Wilden
Weinrebe dürfen im ganzen Land nicht geerntet
werden.

Anbau

Weinstöcke sollten Sie an einer Mauer, einer Per-
gola oder an gespannten Metallseilen festbinden,
um den Wuchs zu strukturieren und das Licht op-
timal zu nutzen. Weinstöcke bringen Schatten und
Frische in den Garten, sind dekorativ und tragen im
Herbst Früchte. Es gibt Rebsorten für unterschied-
liches Klima. Bevor Sie einen Weinstock kaufen,
sollten Sie sich vergewissern, ob die Sorte in Ihrer
Region gut gedeiht.

Boden: Jede Art von Boden, bevorzugt jedoch
kalkhaltige, steinige, trockene und gut entwässerte
Böden. Es ist ratsam, jedes Jahr etwas Kompost
zu verwenden. Aufgeweichter Boden muss unbedingt vermieden werden.

Standort: Sonnig.

Pflege: Im ersten Jahr regelmäßig gießen, im
Winter außerhalb der Frostzeiten schneiden, einige
Knospen an den Ranken des Vorjahres behalten.
Informieren Sie sich in Spezialliteratur über den
Schnitt von Weinstöcken, der je nach Rebsorte
unterschiedlich erfolgen sollte.

Vermehrung: Durch Stecklinge, Veredelung und
Abmoosen.

Inhaltsstoffe und Eigenschaften

Die Inhaltsstoffe sind hauptsächlich in der Haut und den Kernen der Weinbeeren enthalten. Man gewinnt aus den Kernen ein neutral schmeckendes und hitzebeständiges Öl, das in der Küche Verwendung findet. Es ist reich an Vitamin E sowie an Polyphenolen (Flavonoide und Anthocyane). In der Volksmedizin sollen Weintrauben blutreinigend und entzündungshemmend wirken sowie den Kreislauf anregen. Ein Tee aus den Blättern eines Weinstocks, der rote Beeren trägt, soll bei schweren Beinen und Krampfadern helfen. Ein wissenschaftlicher Nachweis der Wirksamkeit für diese Anwendungen ist nicht erbracht.

Verwendung in der Küche

• Roh und gekocht essbare Beere.
• Gewinnung des Safts oder des Fruchtfleisches mit dem Entsafter.
• Verarbeitung zu Kompott, Torte, Geleekonfekt aus Fruchtmark (gemischt mit Apfel, Seite 56), Konfitüre (Seite 100), Gelee (Seite 24) Sorbet (Seite 90), Essig (Seite 134) …
• Aufbewahrung des Safts in sterilisierten Flaschen oder im Gefrierschrank und der Früchte in getrockneter Form.

Geeiste Trauben-Lutscher

Im September gibt es oft noch schöne, sonnige Tage. Was spricht also dagegen, mit frisch gepresstem Traubensaft leckere Eislutscher herzustellen?

Für 8 Portionen: 800 ml heller oder dunkler Traubensaft (oder eine Mischung daraus, um eine Rosafärbung zu erreichen).

1. Den Traubensaft in Formen für Eis am Stiel gießen.
2. In die Mitte jeweils ein Holzstäbchen stecken.
3. Vor dem Genuss 24 Stunden ins Gefrierfach stellen.

Waldorfsalat

Dieser berühmte Salat wurde Ende des 19. Jahrhunderts im Restaurant Waldorf in New York erfunden und wird immer wieder neu variiert. Die Originalversion enthält Stangensellerie, Apfel, Walnüsse, Salat und Mayonnaise, aber im Gegensatz zu meinem Rezept keinen Blauschimmelkäse, keine Weintrauben, keinen Schnittlauch und auch keine Joghurtsauce. Der Geist dieses knackigen, durststillenden und köstlichen Salats bleibt aber trotzdem erhalten.

68
Beeren
aus dem Garten

Rezept

Für 4 Portionen: **Sauce:** 80 g Joghurt (z. B. aus Schafsmilch oder Soja) • 1 EL helles Mandelmus • Saft einer halben Zitrone • 6 EL Traubenkernöl • schwarzer Pfeffer.
Salat: 150 g Brot in Scheiben • 150 g Stangensellerie • 250 g säuerliche, knackige Äpfel • 130 g Weintrauben (z. B. „Muscat") • 1 Bund Schnittlauch • 100 g Roquefort • 3 Handvoll grüner Salat • 80 g gehackte Walnüsse.

1. In einer großen Salatschüssel die Sauce vorbereiten: Dazu Joghurt, Mandelmus, Zitronensaft, Traubenkernöl und eine Prise schwarzen Pfeffer miteinander verrühren.
2. Die Brotscheiben in kleine Würfel schneiden und unter den vorgeheizten Grill des Backofens legen, bis sie goldbraun geworden sind. Beiseitestellen.
3. Obst und Gemüse waschen.
4. Den Stangensellerie in kleine Stücke schneiden und in die Salatschüssel geben.
5. Die Äpfel mit Schale fein würfeln, die Weintrauben halbieren, und beides in die Salatschüssel geben.
6. Den Schnittlauch hacken und hinzufügen.
7. Den Roquefort mit den Fingern zerbröckeln und in die Salatschüssel geben.
8. Den Salat, die Walnüsse und die Croûtons hinzufügen. Alles vorsichtig durchrühren, und den fertigen Salat servieren.

Feigen-Trauben-Kuchen

Backen Sie diesen gehaltvollen Kuchen, um die Helfer nach einem anstrengenden Tag bei der Weinlese zu belohnen. Dieses Rezept ist Nicole gewidmet.

Für 8 Portionen: **Teig:** 150 g Reismehl • 50 g Kastanienmehl • 40 g gemahlene Mandeln • 40 g heller Rohrzucker • 80 g Mandelmus • 1 Ei • 50 ml Wasser • 1 EL Olivenöl.
Belag: 300 g grüne Weintrauben • 300 g frische Feigen • 3 Eier • 120 g heller Rohrzucker • 50 g gemahlene Mandeln • 200 g Sojacreme.

1. Für den Teig alle trockenen Zutaten in einer Schüssel mischen. In die Mitte eine Kuhle machen. Mandelmus und Ei hinzufügen. Mit den Fingerspitzen vermengen, dann das Wasser hinzufügen.
2. Aus dem Teig eine Kugel formen, in Folie wickeln und 1 Stunde im Kühlschrank ruhen lassen.
3. Währenddessen den Belag vorbereiten. Die Früchte waschen. Die Weintrauben halbieren, die Feigen vierteln.
4. In einer großen Schüssel die Eier mit dem Zucker verrühren, bis die Mischung weißlich wird. Die gemahlenen Mandeln und die Sojacreme hinzufügen.
5. Wenn der Teig lange genug geruht hat, den Ofen auf 180 °C vorheizen. Die Arbeitsfläche leicht mit Mehl bestäuben und den Teig darauf (oder zwischen zwei Backpapierlagen) ausrollen.
6. Die Tortenform mit Olivenöl einfetten und mit etwas Mehl ausstäuben. Den Boden und die Ränder der Form mit dem Teig auslegen. Den Teigboden mehrfach mit einer Gabel einstechen.
7. Die Trauben und Feigen gleichmäßig auf dem Tortenboden verteilen. Die Ei-Mandel-Sojacreme-Masse darübergießen.
8. Den Kuchen 50 Minuten backen.

Wild wachsende

Beeren

PREISELBEEREN
Vaccinium vitis-idaea L. (Ericaceae)
Kronsbeere, Moosbeere
Frucht: Preiselbeere, airelle rouge, lingonberry

In Skandinavien sind Preiselbeeren besonders beliebt. Das liegt auch daran, dass sie in den zahlreichen Heidelandschaften und lichten Nadelwäldern dieser Region gut gedeihen. Die Skandinavier verwenden Preiselbeeren beispielsweise in Soßen, Konfitüre und Gebäck. Bei uns beschränkt sich die Nutzung vor allem auf Festessen – wie schade! Tatsächlich wird die Preiselbeere in Deutschland weniger genutzt, weil sie zwar weit verbreitet ist, aber stets zerstreut vorkommt. Unter anderem ist die Trockenlegung von Feuchtgebieten durch den Menschen dafür verantwortlich, dass dieser Strauch seltener wird. Zögern Sie daher nicht, Preiselbeersträucher in Ihren Garten zu pflanzen. Der säuerliche Geschmack der Beeren, der sich insbesondere beim Kochen voll entfaltet, wird Sie begeistern.

Allgemeine Eigenschaften: Dichter, 10 bis 30 cm hoher Zwergstrauch mit zahlreichen dünnen, biegsamen und leicht behaarten Zweigen. Mit unterirdisch kriechenden Trieben, daher Kolonien bildend.

Blätter: Klein, ledrig, oval bis elliptisch, an den Rändern leicht eingerollt, Oberfläche dunkelgrün und glänzend, Blattunterseite hellgrün und mit winzigen, braunen Drüsen versehen.

Blüten: Glockenförmig, weiß bis rosa, in erdständigen und hängenden Trauben.

Früchte: Runde, leuchtend rote Beeren von der Größe einer Erbse, mit wenig saftigem Fleisch, leicht mehlig, wenig süß, mehr oder weniger bitter und sehr sauer (Reifezeit Juni bis September).

Standort: Halbschattenart, verbreitet im Gebirge, insbesondere wie alle Ericaceen auf sauren, kalk- und basenarmen meist humosen bis sandigen Lehm- oder Torfböden. Im Süden in höheren (kühlen!) Lagen der Mittelgebirge in Heideland und lichten Nadelwäldern, im Norden hauptsächlich in Moorwäldern und am Rand von Hochmooren.

Nicht verwechseln mit …
… der Echten Bärentraube (Arctostaphylos uva-ursi), die im Gebirge in trockenem und felsigem Unterholz wächst. Ihre Blätter weisen keine Drüsen auf der Blattunterseite auf. Ein weiterer Unterschied zur Preiselbeere: Geschmack und Konsistenz der Beeren sind deutlich weniger ansprechend.

Ernte

Preiselbeeren sind in Deutschland weit verbreitet,
ihre lokale Häufigkeit ist allerdings sehr unterschiedlich. So sind sie in großen Waldregionen der
höheren Mittelgebirge, wie etwa im Bayerischen
Wald, recht häufig, im Norden seltener. Entspre-
chend wird ihre Gefährdung in den Bundesländern
unterschiedlich eingestuft. Nördlich der Elbe gilt
die Preiselbeere teilweise als „vom Aussterben
bedroht" (Rote Liste 1: Schleswig-Holstein, Ham-
burg), in der Mitte Deutschlands als „gefährdet"
(Rote Liste 3: Hessen, Rheinland-Pfalz, Nord-
rhein-Westfalen), im Osten dagegen weiträumig als
ungefährdet (Rote Liste: Sachsen, Brandenburg,
Thüringen, Bayern). Für Regionen, in denen die Art
geschützt ist, gilt ein Sammelverbot. Für andere
Gegenden gelten die Bestimmungen des Bundes-
naturschutzgesetzes für das Sammeln von Beeren
und kleinen Früchten (siehe „Sammelempfehlungen" Seite 9). Auch wenn es für bestimmte Gegenden keine Beschränkungen gibt, sollten Sie besser
auf das Pflücken von Preiselbeeren in niedrigen
Lagen verzichten, um den Bestand zu erhalten.

Anbau

Im Gegensatz zur Waldheidelbeere (siehe Seite
120), die zu anspruchsvoll ist, als das man sie im
eigenen Garten anpflanzen könnte, kann sich die
Preiselbeere gut anpassen. Dennoch sollten Sie
einige Regeln beachten und beispielsweise für
einen lockeren, sauren Boden sorgen. Es handelt
sich um eine sehr robuste Art, die Temperaturen
von bis zu −25 °C aushält.
Boden: Lockerer Boden mit saurem Humus
(angereichert mit Komposterde, Heideboden und
Koniferennadeln), gut durchlüftet, mit ein wenig
Kompost versehen; mehrere Sträucher pflanzen,
um eine gute Bestäubung zu gewährleisten.
Standort: Schattig.
Pflege: Mulchen mit Koniferennadeln, um Feuchtigkeit und Säure zu erhalten, in den ersten Jahren regelmäßig gießen.
Vermehrung: Im Herbst Aussaat frischer Früchte im sandigen Boden, im Sommer Abmoosen
(Ringmethode), Sträucher teilen.

Inhaltsstoffe und Eigenschaften

Preiselbeeren wirken zusammenziehend und gelten in der Volksmedizin als harntreibend und antiseptisch. Sie sind reich an Provitamin A, Vitamin C und Spurenelementen. Menschen, die an einer Niereninsuffizienz leiden, sollten die Beere aufgrund ihres Arbutingehalts meiden. Das Gleiche gilt für schwangere oder stillende Frauen.

Verwendung in der Küche

- Roh essbare Beere (Vorsicht: Risiko durch Fuchsbandwurm, siehe Seite 9), besser gekocht verzehren.
- Gewinnung des Safts durch Kochen der Beeren mit etwas Wasser in einem Topf (5 bis 10 Minuten) und anschließendes Filtern; Gewinnung des Fruchtfleischs mithilfe eines Siebs.
- Verarbeitung zu Kompott (gemischt mit anderen Früchten), Torte, Geleekonfekt aus Fruchtmark (gemischt mit anderen Früchten, Seite 56), Konfitüre (Seite 100), Gelee (Seite 24), Sirup (Seite 148), Essig (Seite 134) …
- Aufbewahrung im Gefrierschrank, Einwecken (Sterilisation) oder Trocknen.

Preiselbeeren
im eigenen Saft

Preiselbeeren einzumachen ist nicht schwer.
Von Natur aus säurehaltig, benötigen sie keine lange
Kochzeit und im Gegensatz zu anderen Früchten auch
keinen Zuckerzusatz.

Für 6 Gläser à 100 ml: 500 g frische, feste und sehr saubere Preiselbeeren.

1. Die 6 kleinen Gläser (80 bis 100 ml Fassungsvermögen), die Deckel und die Einmachgummiringe mit heißem Wasser und etwas Spülmittel spülen.
2. Die Gläser und Deckel in einem großen Topf mit Wasser 3 Minuten auskochen, dann die Gummiringe hinzufügen und weitere 2 Minuten kochen.
3. Gläser, Deckel und Gummiringe aus dem Wasser holen und auf die saubere Arbeitsfläche stellen.
4. Die Preiselbeeren in ein Sieb füllen und 1 Minute lang mit heißem Wasser abspülen.
5. Dann in die Gläser füllen und mit der Rückseite eines Esslöffels zusammendrücken, bis die Gläser bis 1 cm unterhalb des oberen Randes voll sind. Pro Glas 4 Esslöffel Wasser hinzufügen. Die Gummiringe auflegen, dann die Deckel aufsetzen.
6. Die Gläser in einen Topf stellen und mit einem sauberen Tuch fixieren. Den Topf bis oberhalb der Deckel mit Wasser auffüllen.
7. Das Wasser zum Kochen bringen, dann bei mittlerer Hitze 20 Minuten köcheln lassen.
8. Die Gläser aus dem Topf holen und auf der Arbeitsfläche abkühlen lassen.
9. Durch leichtes Ziehen am Gummiring überprüfen, ob die Gläser dicht sind. An einem trockenen, kühlen Ort vor Licht geschützt aufbewahren.

Minikuchen mit Preiselbeeren, Schafskäse und Schnittlauch

Lassen Sie sich von diesen kleinen, frischen Küchlein verführen. Sie eignen sich hervorragend als Vorspeise, zum Brunch oder für ein Picknick.

Für 8 Portionen: 250 g Reismehl • 1 Päckchen Backpulver • 1 gestrichener TL Rauchsalz • 1 ordentliche Prise schwarzer Pfeffer • 1 Bund Schnittlauch • 200 g frische Preiselbeeren (ersatzweise aus der Dose oder tiefgekühlt) • 100 g halbtrockener Schafskäse • 2 Eier • 1 Joghurt aus Schafsmilch • 100 ml Sonnenblumenöl.

1. Den Backofen auf 180 °C vorheizen. In einer Schüssel das Mehl mit dem Backpulver, dem Salz und dem Pfeffer vermischen.
2. Den Schnittlauch waschen und hacken. Die Preiselbeeren abspülen. Den Schafskäse zerkrümeln. Diese Zutaten zur trockenen Mischung hinzufügen.
3. In die Mitte eine Kuhle machen, dort hinein die Eier, den Joghurt aus Schafsmilch und das Sonnenblumenöl geben. Alle Zutaten miteinander verrühren.
4. Den Teig in kleine Kuchenformen füllen und 15 bis 20 Minuten backen, bis die Küchlein goldbraun sind.

Luftige Crêpes mit Preiselbeeren

Diese Crêpes sind weniger dick als Pfannkuchen, aber dank Eischnee und Ziegenmilch trotzdem weich. In Kombination mit Preiselbeeren sind sie eine besonders verlockende Köstlichkeit. Ein Hauch Zucker reicht schon, um den Geschmack voll zur Geltung zu bringen.

Für 8 Crêpes: 2 Eier • 20 g heller Rohrzucker + ein wenig zum Bestäuben • 160 g Weizenmehl Type 550 • 350 ml Ziegenmilch • 1 Prise Salz • 2 bis 3 Tropfen Zitronensaft • 200 g frische Preiselbeeren (ersatzweise aus der Dose oder tiefgekühlt) • Butter (oder Margarine).

1. Die Eier aufschlagen, Eiweiß und Eigelb trennen.
2. Das Eigelb mit dem Zucker schaumig rühren, bis die Masse weißlich wird.
3. Abwechselnd Mehl und Milch hinzufügen.
4. Das Eiweiß mit dem Salz und dem Zitronensaft zu Schnee schlagen. Zunächst langsam schlagen, dann die Geschwindigkeit erhöhen, damit der Eischnee schön fest wird.
5. Den Eischnee mit einem weichen Teigschaber unter die Eigelbmasse heben. Den Teig 30 Minuten ruhen lassen.
6. Die Preiselbeeren waschen und gut abtropfen lassen. Dann dem Teig hinzufügen.
7. In einer Pfanne ein etwa haselnussgroßes Stück Butter schmelzen. Eine Kelle Teig hineinfüllen und bei mittlerer Hitze 1 Minute von einer Seite und 30 Sekunden von der anderen Seite backen.
8. Mit dem Rest des Teigs auf die gleiche Weise verfahren.
9. Mit Zucker bestäuben. Eventuell mit Preiselbeerpüree servieren.

Tipp: Wenn Sie die Crêpes lieber mit pflanzlichem Milchersatz herstellen möchten, sollten Sie Mandel- oder Hafermilch wählen. Wer kein Gluten verträgt, kann das Weizenmehl durch Reismehl ersetzen.

SANDDORNBEEREN

Hippophae rhamnoides L. (Elaeagnaceae)
Weidendorn, Dünendorn, Audorn, Fasanenbeere,
Haffdorn, Seedorn, Rote Schlehe
Frucht: Sanddornbeere, argouse, sea buckthorn

Man nehme die Blätter einer Weide, füge die Wurzelsprossen und spitzen Dornen des Schwarzdorns hinzu und klebe an die Zweige eine große Anzahl leuchtend orangefarbener Beeren: Schon haben wir einen Sanddorn. Dieser Strauch ist außergewöhnlich. Seine Früchte haben mit den höchsten Vitamin-C-Gehalt überhaupt – abhängig von der Sorte bis zu dreißig Mal mehr als Orangen.[1] Wenn man einen Schluck des karottenfarbenen Saftes trinkt, der je nach Sorte sauer, zusammenziehend und mehr oder weniger bitter schmeckt, nimmt man auch die energiespendende Wirkung wahr. Sanddornbeeren sind sozusagen unsere lokalen Acerolabeeren. Allerdings sind sie wenig bekannt und verdienen eigentlich mehr Aufmerksamkeit auf unserem Speiseplan und in unseren Gärten. Sanddorn stabilisiert mit seinem weitreichenden Wurzelsystem erosionsbedrohten Boden, hält auch raue Klimabedingungen und nährstoffarme Böden aus, bildet wehrhafte Hecken und bietet Vögeln Nistmöglichkeit und Schutz.

Allgemeine Eigenschaften: 1 bis 3 Meter hoher Strauch; aufrechte, stark verzweigte Äste mit zu Dornen umgewandelten Kurztrieben, dicht belaubt und sehr ertragreich.

Blätter: Sehr dünn, länglich und spitz, dunkelgrün auf der Blattoberseite, silbergrau auf der Blattunterseite, später rötlich.

Blüten: Sehr klein, grünlich, unauffällig.

Früchte: Beeren gelborange bis leuchtend orange, erbsengroß, mit hellgelbem Fleisch, sehr saftig, sehr sauer, mäßig zusammenziehend und mehr oder weniger bitter, fest am Zweig sitzend (Reifezeit August bis Oktober).

Standort: Bevorzugt sonnige Lagen mit kalkhaltigen, sandigen bis kiesigen Böden von der Ebene bis in die hohen Lagen der Mittelgebirge und Alpen (bis 1 800 m). Besiedelt werden lichte Kiefernwälder, trockene Flussauen und Schotterflächen sowie felsige Standorte an Gebirgsbächen. Pionierpflanze an den Meeresküsten auf stabilen Dünen.

[1] Durchschnittlich zehn Mal mehr bei europäischen und russischen Sanddornarten, dreißig Mal mehr beim chinesischen Sanddorn (*Hippophae rhamnoides* subsp. *sinensis*).

Ernte

Es ist mühsam, Sanddornbeeren vom Strauch zu pflücken. Sie sitzen fest und dicht am Zweig und können deshalb zwischen den Fingern leicht zerquetscht werden. Am einfachsten ist es, die Zweige abzuschneiden, zu waschen und in den Gefrierschrank zu legen. Wenn die Beeren gefroren sind, kann man die Zweige auf ein Tuch schlagen, sodass die Beeren ganz mühelos abfallen. Wenn Sie die Beeren nicht sofort verarbeiten möchten, legen Sie diese gleich wieder in den Gefrierschrank. Sie können praktisch alle Zweige, die Beeren tragen (und folglich zwei Jahre alt sind), abschneiden. Wichtig ist, dass Sie die Hauptäste stehen lassen, um den Strauch nicht zu schwächen. Gießen Sie den Sanddorn regelmäßig und rühren Sie ihn zwei Jahre lang nicht an, bis er neue fruchttragende Zweige ausbildet. Die Vorgehensweise beruht folglich auf einem zweijährlichen Schnitt.

Anbau

Sanddorn ist zweihäusig wie die Kiwi und der Feigenbaum – das heißt, dass es männliche und weibliche Pflanzen gibt. Deshalb ist es wichtig, dass Sie in Ihrem Garten beide anpflanzen, um für eine gute Bestäubung zu sorgen. Es gibt inzwischen auch selbstbefruchtende Sorten zu kaufen. Als sogenannte Pionierpflanze ist Sanddorn besonders anpassungsfähig und robust: Er kann Temperaturen von bis zu –25 °C, salzige Gischt und Umweltverschmutzung aushalten.
Boden: Lockere, sandige und/oder kalkhaltige Erde, mit ein wenig Kompost.
Standort: Sonnig.
Pflege: Keine; einzige Anforderung ist Licht. Im ersten Jahr und bei sehr großer Hitze regelmäßig gießen.
Vermehrung: Schösslinge oder Vermehrung durch Stecklinge (um auf einfache Weise eindeutig unterscheidbare männliche und weibliche Stöcke zu erhalten, was durch Aussaat nicht möglich ist).

Inhaltsstoffe und Eigenschaften

Sanddornbeeren gelten allgemein als Tonikum für den Organismus. Sie sollen aufgrund ihres hohen Gehalts an Vitaminen, Mineralstoffen und Antioxidanzien das Immunsystem stärken. Auf diese Weise können sie möglicherweise bei der Vorbeugung von Infektionskrankheiten wie Erkältungen und grippalen Infekten helfen. Die gesunden Beeren sollten Studenten ebenso empfohlen werden wie Genesenden und alten Menschen.

Verwendung in der Küche

- Roh und gekocht essbare Beere.
- Gewinnung von Saft mit dem Entsafter.
- Verarbeitung zu Kompott (gemischt mit anderen Früchten), Geleekonfekt aus Fruchtmark (gemischt mit Apfel, Seite 56), Gelee (Seite 24), Sirup (Seite 148), Sorbet (Seite 90), Essig (Seite 134) …
- Aufbewahrung im Gefrierschrank.

Sanddorn
aufstrich

Kennen Sie „Lemon Curd", die angelsächsische Creme, die als Aufstrich und für Torten verwendet wird? Dies hier ist eine Wild-Variante, die mit dem sauren Saft von Sanddornbeeren hergestellt wird.

Für 350 g Aufstrich: 200 ml Sanddornsaft (siehe Seite 14) • 250 g heller Rohrzucker • 4 Eier • 1 EL Mandelmus.

1. In einer großen Schüssel (oder in einem Topf im Wasserbad) den Sanddornsaft mit dem Zucker schlagen.
2. Die Schüssel auf einen mit Wasser gefüllten Topf kleineren Durchmessers stellen und langsam erhitzen.
3. Die Eier in eine andere große Schüssel aufschlagen. Wenn der Zucker aufgelöst ist, die geschlagenen Eier unter ständigem Rühren hinzufügen. Die Mischung muss lauwarm sein, da die Eiermasse sonst stockt.
4. Ungefähr 10 Minuten ununterbrochen rühren, bis die Creme eindickt.
5. Den Topf vom Herd nehmen und das Mandelmus hinzufügen.
6. Die Creme in ein Marmeladenglas füllen, das mit heißem Wasser ausgespült worden ist.
7. Abkühlen lassen, dann das Glas verschließen. Im Kühlschrank bis zu einer Woche haltbar.

Tipp: Sie können diese Creme als Brotaufstrich verwenden, in einer Biskuitrolle (siehe Seite 44) verarbeiten oder für anderes Gebäck verwenden. Zur Herstellung einer veganen Creme können Sie die Eier durch einen Teelöffel (10 g) Maisstärke oder Pfeilwurzelmehl ersetzen.

Melonen-Sanddorn-Sorbet

Welche Gemeinsamkeit haben Sanddorn und Melone? Die Farbe Orange und folglich den Gehalt an Betakarotin. Deshalb kam mir die Idee, die beiden in einem besonders fruchtigen und belebenden Sorbet miteinander zu kombinieren.

Für 1 l Sorbet: 700 g Fleisch einer reifen Melone • 150 ml Sanddornsaft (siehe Seite 14) • 150 g Vollrohrzucker • 1 EL Cashewmus (optional).

1. Alle Zutaten verrühren.
2. **Mit Eismaschine:** Die Fruchtmischung in die Schüssel der Eismaschine füllen und das Gerät laufen lassen, bis die Masse kalt genug ist. Das Sorbet in eine Gefrierdose füllen und vor dem Genuss für 6 Stunden in den Gefrierschrank stellen.
3. **Ohne Eismaschine:** Die Fruchtmischung in eine Gefrierdose füllen. Für 24 Stunden in den Gefrierschrank stellen und währenddessen 4 oder 5 Mal umrühren, um das Sorbet aufzulockern.

KORNELKIRSCHEN

Cornus mas L. (Cornaceae)

Herlitze, Dürlitze, Hirlnuss, Dirndl, Gelber Hartriegel
Frucht: Kornelkirsche, cornouille, Cornelian cherry

Der botanische Name der Kornelkirsche lautet „Cornus mas", was mit
„männlicher Hornstrauch" übersetzt werden kann. Vermutlich verdankt
sie diese Bezeichnung der Tatsache, dass ihr Holz so hart wie Horn ist
und als das härteste und schwerste europäische Holz gilt – es schwimmt
nicht! Dieser wild wachsende Strauch oder Baum trägt Steinfrüchte.
Wenn diese ganz reif sind, erinnert ihr Fleisch an das der Kirsche, während die Säure und der Duft an rote Johannisbeeren denken lassen. Im
Mittelalter standen Kornelkirschen in Europa auf der Arzneimittelliste –
und in Form von Gelee nahmen die Patienten sie freiwillig und gern zu
sich. Im Februar und März kann man auf dem Land die goldgelben Blüten sehen, an denen man die Kornelkirsche leicht erkennt. Im Spätsommer können die leckeren Früchte dann geerntet werden.

Allgemeine Eigenschaften: Dicht belaubter, bis 8 Meter hoher Strauch,
mit zahlreichen Schösslingen, trägt paarweise kleine „Kirschen", die auch
scherzhaft „Hahnenhoden" genannt werden.

Blätter: Mittelgroß, oval und vorne spitz, deutlich geädert, sattgrün,
später rötlich.

Blüten: Sehr klein, gelb, Dolden bildend, erscheinen noch vor den Blättern,
sodass man Kornelkirschen schon gegen Ende des Winters erkennen kann.

Früchte: Ovale, rote bis purpurfarbene Steinfrüchte, in Größe und Form
Oliven ähnlich, mit rotem, im reifen Zustand saftigem Fleisch, mäßig süß,
sehr sauer und zusammenziehend (Reifezeit August bis September).

Standort: Vereinzelt im mittleren Deutschland entlang der Flusstäler und
im Fränkischen Jura, fast gar nicht in der norddeutschen Tiefebene. Die
Linie Luxemburg – Jena gilt als Nordgrenze, in Südeuropa ist die Pflanze
häufiger. Sie ist zwar in Deutschland einheimisch, bestehende Vorkommen sind jedoch meist aus alten Kulturen verwildert. Wilde Vorkommen
gibt es nur noch sehr wenige, in einigen Bundesländern wird die Kornelkirsche als „gefährdet" eingestuft. Als Wärme liebende Art hat sie ihr
Vorkommen in lichten, kalkreichen Wäldern, an dicht bewachsenen, sonnigen Hängen und in Hecken. Aufgrund des intensiven Wurzelsystems
wird sie gern zur Böschungsstabilisierung und -begrünung eingesetzt.

Nicht verwechseln mit …

… dem Roten Hartriegel (Cornus sanguinea), dessen Blätter ähnlich
aussehen. An seinen schwarzen Früchten (giftig, stark abführend) und
seinem im Winter roten Holz kann man ihn leicht erkennen.

Ernte

Achtung: Kornelkirschen sollten sehr reif geerntet werden und sind dann weich, sodass sie leicht zerdrückt werden können. Wenn sie sehr reif sind, lassen sie sich besser kochen, schmecken süßer und wirken weniger zusammenziehend.

Anbau

Die Kornelkirsche ist ein Obstgehölz, das häufiger in unseren Gärten stehen sollte. Seine frühe Blüte – sogar noch vor der Forsythie – wertet den Garten auf und erfreut die bestäubenden Insekten. Außerdem kann sein üppiger Ertrag zu guter Konfitüre verarbeitet werden. Einige Kulturpflanzensorten, wie „Golden Glory" und „Jolico", tragen Früchte, die bis zu drei Mal so groß sind wie bei der Wildform.

Boden: Lockerer, möglichst kalkhaltiger Boden; kein Kompost, da die Kornelkirsche keinen gut gedüngten Boden mag.

Standort: Sonnig bis leicht schattig.

Pflege: Im ersten Jahr regelmäßig gießen, Schnitt im Winter, um den Strauch zu strukturieren und zu kräftigen, wenn er in einer Hecke steht.

Vermehrung: Abmoosen, Vermehrung durch Stecklinge, Stöcke teilen.

Inhaltsstoffe und Eigenschaften

Kornelkirschen wurden früher verordnet, um „übermäßige Ausscheidungen" wie zum Beispiel Durchfall oder starke Menstruationsblutungen zu stoppen. Von einer solchen Anwendung ist abzuraten, da keine wissenschaftlichen Belege dafür vorliegen.

Verwendung in der Küche

• Roh (aber zu zusammenziehend, als dass man sie in großen Mengen zu sich nehmen könnte) und gekocht essbare Beere.
• Gewinnung von Saft mit dem Entsafter und von Fruchtfleisch mit dem Sieb (nach dem Garen).
• Verarbeitung zu Kompott (gemischt mit anderen Früchten), Auflauf (Seite 98), Geleekonfekt aus Fruchtmark (Seite 56), Konfitüre (Seite 100), Gelee (Seite 24), Sirup (Seite 148), Sorbet (Seite 90), Essig (Seite 134) …
• Aufbewahrung im Gefrierschrank.

Kornelkirschen-Popcorn

Eine raffinierte Popcorn-Variante auf der Grundlage von Kornelkirschenkaramell. Sie schmeckt knusprig, säuerlich, natürlich und nahrhaft – eine süße, köstliche Besonderheit für alle Lebenslagen.

Für 6 Portionen: 1 EL Sonnenblumenöl • 200 g Popcorn-Mais • 80 ml Kornelkirschensaft (siehe Seite 14) • 120 g heller Rohrzucker.

1. Das Öl bei mittlerer Hitze in einem großen Topf 30 Sekunden erhitzen.
2. Den Mais hinzufügen, die Hitzezufuhr ein wenig steigern und gelegentlich umrühren. Den Mais goldbraun werden lassen.
3. Wenn das erste Maiskorn platzt, den Topf abdecken und warten, bis nach 4 bis 5 Minuten alle Körner geplatzt sind. Währenddessen den Topf gelegentlich schütteln, aber auf keinen Fall den Deckel abnehmen.
4. Das Popcorn in eine große Schüssel füllen.
5. Den Topf auswaschen (der Boden könnte leicht angebrannt sein). Dann darin den Kornelkirschensaft mit dem Zucker verrühren.
6. Langsam zum Kochen bringen, 2 Minuten kochen lassen, bis der Sirup eine schöne Bordeauxfärbung angenommen hat. Einen Tropfen des Karamells in ein Glas mit kaltem Wasser tropfen lassen, um den Zustand des Karamells zu überprüfen: Er muss sofort hart werden.
7. Sofort das Popcorn hinzufügen und alles gut miteinander verrühren, damit das Popcorn einen Karamellüberzug erhält. Schnell arbeiten, damit der Karamell nicht anbrennt.
8. Das Kornelkirschen-Popcorn auf die mit Butterbrotpapier ausgelegte Arbeitsfläche geben und warten, bis es so weit abgekühlt ist, dass man es essen kann.

Tipp: Für dieses Rezept eignet sich auch jeder andere Beerensaft – zum Beispiel der Saft von schwarzen oder roten Johannisbeeren, Himbeeren, Trauben, Heidelbeeren, Holunderbeeren oder der Früchte der Reichblütigen Ölweide.

Haferauflauf mit Kornelkirschen

Die wahren Liebhaber von Obstaufläufen mit Kirschen entsteinen die Früchte nicht. Das gilt auch für Kornelkirschen, zumal es unmöglich ist, den Stein herauszuholen. Verwenden Sie für dieses Rezept am besten die größten Früchte.

Für 6 bis 8 Portionen: 2 Eier • 100 g heller Rohrzucker • 1 TL flüssiger Vanilleextrakt • 60 g Weizenmehl Type 550 • 60 g Hafermehl • 300 ml Hafermilch • 400 g reife Kornelkirschen • 10 g Margarine.

1. Den Backofen auf 180 °C vorheizen. Die Eier in eine Schüssel schlagen und mit dem Zucker und dem Vanilleextrakt verrühren.
2. Abwechselnd Hafermehl, Weizenmehl und Hafermilch hinzufügen, damit sich keine Klümpchen bilden.
3. Die Kornelkirschen waschen und abtrocknen.
4. Eine Backform mit der Margarine einfetten.
5. Die Masse hineingießen und die Kornelkirschen auf dem Teig verteilen.
6. 40 Minuten backen, bis der Auflauf goldbraun ist.

Kornelkirschen konfitüre

Diese cremige Konfitüre, deren Geschmack an rote Johannisbeeren oder Sauerkirschen erinnert, werden Sie lieben. Sie wirkt nicht zusammenziehend und ist so lecker, dass man versucht ist, das Glas einfach so auszulöffeln.

100
Wild wachsende
Beeren

Rezept

Für 2 Gläser à 300 g: 500 g Kornelkirschen-Fruchtfleisch (siehe Seite 15) • 350 g hellen Rohrzucker • Saft ½ Zitrone.

1. Alle Zutaten in einem großen Kochtopf miteinander verrühren.
2. Auf kleiner Flamme erhitzen. Wenn die Masse die ersten Blasen wirft, Hitzezufuhr erhöhen und alles 7 Minuten kochen lassen, bis 106 °C erreicht sind. (Gelierpunkt für Konfitüren, mit einem Küchenthermometer überprüfen). Alternativ geben Sie einen Tropfen der Konfitüre auf einen kalten Teller: Er muss sofort gelieren.
3. Die noch kochende Konfitüre auf zwei Gläser verteilen, die zuvor mit kochendem Wasser ausgewaschen wurden.
4. Deckel fest zudrehen, Gläser umdrehen und nach dem Auskühlen verstauen. Die Konfitüre sollte in einem kühlen Raum und vor Licht geschützt aufbewahrt werden.

HAGEBUTTEN

Rosa canina L. (Rosaceae)

Hundsrose, Heckenrose

Frucht: Hagebutte, cynorrodon, rosehip

Hagebutten gehören nicht zu den kleinen, wild wachsenden, süßen und saftigen Beeren, die man einfach so vom Strauch essen kann – im Gegensatz etwa zu Heidelbeeren. Viele Hunde tun dies allerdings, zumindest meine! Die Liebhaber dieser ländlichen Frucht kennen den abweisenden Charakter der rotfleischigen Hagebutte: Die feinen Härchen an den Kernen lösen Juckreiz aus. Viele Leute machen sich nicht die Mühe, Hagebutten in der Küche zu verarbeiten – und wenn, dann meist, um Konfitüre herzustellen. Die Früchte haben einen sehr hohen Vitamin-C-Gehalt, der sogar nach dem Kochen noch weitgehend erhalten bleibt. Hagebuttenkonfitüre ist eine süße Leckerei, deren Konsistenz und Geschmack an feine Kastaniencreme mit dem Aroma von Orangen oder Mandarinen erinnern. Um die Verarbeitung zu erleichtern, sollten Sie Hagebutten überreif ernten, wenn sie vom Morgenfrost weich geworden sind – dann sind sie außerdem am süßesten. Und warum kann man aus ihnen Juckpulver herstellen? Weil die feinen Härchen auf den Kernen bei Hautkontakt Juckreiz hervorrufen. Früher wurden Hagebutten wegen ihrer behaarten Kerne als Mittel gegen Würmer eingesetzt, in der Annahme, sie würden die Darmwand reinigen.

Allgemeine Eigenschaften: 1 bis 3 Meter hoher, sattgrüner Strauch, lange, gebogene Zweige mit hakenförmigen Stacheln und roten, eiförmigen Früchten.

Blätter: Unpaarig gefiedert mit meist 5 bis 7 Fiederblättchen, diese klein, oval und spitz zulaufend, an den Rändern leicht gezähnt, kräftig grün.

Blüten: Klein, weiß bis rosafarben, aus fünf Blütenblättern bestehend.

Früchte: Fleischiger, rot-orangefarbener Blütenboden, eiförmig, 2 bis 3 Zentimeter lang, am Ende mit einem kleinen, schwarzen Ring – dem Rest der zur Fruchtreife schon abgefallenen Kelchblätter. Enthalten zahlreiche Nüsschen, die mit Widerhaken besetzt sind. Leicht süßes und säuerliches Fruchtfleisch (Reifezeit August bis Dezember).

Standort: Verbreitete Art in allen Hecken und Wäldern, an Waldrändern und auf Brachland.

Ernte

Hagebutten zu ernten ist nicht unangenehm,
wenn man auch gelegentlich eine Schramme
abbekommt. Je nach Sammelort kann man unter
Umständen viele Früchte an einem Fleck finden.
Allerdings sollten Sie nur so viele Hagebutten
ernten, wie Sie dann auch verarbeiten können –
und dafür benötigen Sie viel Zeit und Geduld. Es
ist jedoch möglich, Früchte, die Sie nicht gleich
verarbeiten können, einzufrieren. Sie können sich
dann später, im Winter, darum kümmern.

Anbau

Warum sollte man Heckenrosen in seinen Garten
pflanzen, wenn sie doch überall wachsen? Ganz
einfach: Sie bilden eine schöne, natürliche, wehr-
und nahrhafte Hecke. Es gibt mehr als 120 unterschiedliche wilde Heckenrosen-Varietäten. Gehen
Sie doch einmal in Ihrer Umgebung auf die Suche
und entscheiden Sie, welche Sie in Ihrem Garten
haben möchten.
Boden: Jede Bodenart, aber bevorzugt gut entwässert und mit ein wenig Kompost angereichert.
Aufgeweichte Böden meiden.
Standort: Sonnig.
Pflege: Jeden Winter schneiden, um eine He-
ckenstruktur zu erhalten und allzu üppiges Wuchern zu vermeiden.
Vermehrung: Aussaat, Vermehrung durch Stecklinge, im Frühling abmoosen oder die Stöcke
teilen; Heckenrosen dienen als Unterlage beim
Veredeln von Zuchtrosen.

Inhaltsstoffe und Eigenschaften

Der wichtigste Vorzug der Hagebutten ist ihr hoher Gehalt an Vitamin C: Sie enthalten zehn Mal mehr davon als Zitronen. Doch Hagebutten haben noch weitere Pluspunkte: Sie beinhalten eine Menge Vitamin A, Vitamin B2 und Niacin sowie Ballaststoffe und Mineralstoffe (Kalzium, Phosphor und Kalium). Aufgrund dessen schreibt ihnen die Volksmedizin eine Wirksamkeit bei Verdauungsproblemen und bei Virusinfektionen wie grippalen Infekten zu.

Verwendung in der Küche

• Roh (dazu die Früchte halbieren und die Kerne entfernen) oder gekocht essbare Beere (wild oder von Zuchtpflanzen).
• Gewinnung des Fruchtfleischs durch Kochen der Beeren (siehe Seite 15).
• Gemischt mit anderen Früchten: Kompott, Geleekonfekt aus Fruchtmark (Seite 56), Fruchtleder (Seite 42), Aperitifwein (Seite 110).
• Konfitüre (Seite 108), Soße (eine Art „Wild-Ketchup"), Essig (aus überreifen Früchten) …
• Aufbewahrung im Gefrierschrank (ganze Früchte oder Püree) beziehungsweise getrocknet für Tee (siehe Seite 13).

Hagebutten püree

Dies ist das Grundrezept, auf dessen Basis Sie auch salziges Püree, Würzsoßen, Konfitüren, Geleekonfekt aus Fruchtmark oder Fondant für Torten herstellen können.

Für 1 kg Püree: 2 kg fleischige Hagebutten.

1. Die Hagebutten waschen. Mit einem spitzen Messer die dunklen Enden entfernen.
2. Die Früchte in einem großen Topf mit kochendem Wasser bei kleiner Flamme abgedeckt 20 Minuten kochen (oder länger, wenn die Früchte noch zu fest sind). Falls nötig, währenddessen Wasser hinzufügen.
3. Über einer Schüssel abtropfen lassen, um ein wenig Saft aufzufangen.
4. Durch eine Presse mit feinem Sieb drücken. Die Masse mehrfach durchdrücken, und zwischendurch die Kernchen entfernen, welche die Löcher verstopfen. Ein wenig vom aufgefangenen Saft hinzufügen – das erleichtert die Arbeit.
5. Ein quadratisches Stück aus einer reißfesten Feinstrumpfhose (15 bis 20 Zentimeter Seitenlänge) über einen Topf spannen, gut straff ziehen und unter dem Topf verknoten, damit es nicht verrutscht.
6. Einen großen Löffel Püree auf das Strumpfhosenstück geben und mithilfe eines Teigschabers aus Kunststoff durchpassieren.
7. Mit dem Rest des Pürees auf dieselbe Weise verfahren. Zwischendurch gelegentlich die Kernchen vom Stoff absammeln.
8. Das Püree in kleinen, gut verschlossenen Behältern im Kühlschrank aufbewahren.

Tipp: Die Reste, die beim Filtern anfallen, enthalten noch etwas Fruchtfleisch. Füllen Sie deshalb diese Reste in eine Schüssel und gießen Sie lauwarmes Wasser dazu, bis es die Reste leicht bedeckt. Verrühren Sie alles und gießen Sie die Mischung durch einen Kaffeefilter. Dadurch entsteht ein sehr nahrhafter Saft, dem Sie etwas Zucker zugeben und ihn gemischt mit anderen Säften oder in Smoothies genießen können.

Hagebutten konfitüre

Hagebuttenkonfitüre ist der Star unter den Konfitüren aus wild wachsenden Früchten. Sie schmeckt vorzüglich auf Brot – vorzugsweise morgens. Wenn Sie sie abends essen, wirkt der hohe Gehalt an Vitamin C möglicherweise so anregend, dass Sie nicht schlafen können.

Für 4 Gläser à 350 g: 1 kg Hagebuttenpüree (siehe Seite 106) • 700 g Rohrzucker • 100 ml Wasser • Saft von 1 Zitrone.

1. Alle Zutaten in einem großen Topf verrühren.
2. Langsam zum Kochen bringen.
3. Wenn die Mischung zu kochen beginnt, die Hitzezufuhr erhöhen und regelmäßig umrühren, bis die Masse dunkelrot wird (nach etwa 5 Minuten). Vorsicht: Die Konfitüre brennt leicht an!
4. In Gläser füllen, die Sie zuvor mit kochendem Wasser und Spülmittel ausgewaschen haben. Gläser verschließen, umdrehen und auskühlen lassen.

Zubereitung: 30 Min. – Gärdauer: 1 Jahr – Haltbarkeit: 1 Jahr

Naturbelassener Hagebutten**wein**

Ich verdanke dieses Rezept Simone, die es bestimmt wiedererkennen wird! Nach einem schönen Spaziergang, bei dem wir wilde Hagebutten auf den Hügeln ihres Dorfes im Jura gepflückt haben, hat sie mir diesen leicht alkoholischen „Wein" angeboten. Er hat mir so gut geschmeckt, dass sie mir gleich das Rezept gegeben hat.

Beeren

Rezept

Für 6 Liter Wein: 3 kg sehr reife Hagebutten • 3 kg heller Rohrzucker • 3 l Wasser.

1. Die Hagebutten gründlich waschen.
2. In eine große, bauchige Korbflasche aus Glas füllen, die zuvor mit kochendem Wasser und Spülmittel ausgewaschen wurde. Den Zucker hinzufügen.
3. Das Wasser zum Kochen bringen und in die Korbflasche füllen.
4. Gut schütteln. Den Hals der Korbflasche mit einem Tuch verschließen, dann einen Korken hineinstecken. Den Korken nicht zu fest hineindrücken, denn die Mischung muss „atmen" können.
5. Ein Jahr in einem temperierten Zimmer vor Licht geschützt stehen lassen. Währenddessen die Korbflasche gelegentlich schütteln.
6. Die Mischung filtern, in Flaschen abfüllen und mit einem Korken fest verschließen.

BERBERITZEN
Berberis vulgaris L. (Berberidaceae)
Sauerdorn, Essigbeere
Frucht: Berberitze, épine-vinette, barberry

Diese kleine, säuerliche Beere ist leider größtenteils in Vergessenheit geraten. Beinahe wären die Sträucher ausgerottet worden, da die Berberitze dem Getreideschwarzrost (Puccinia graminis) als Zwischenwirt dient. Deshalb wurden Berberitzensträucher seit Jahrhunderten auf Empfehlung verschiedener Verordnungen vielerorts vernichtet.[1] Die Beeren sind dennoch in einigen Ländern (wie dem Iran) ein wichtiger Bestandteil des Speiseplans; deshalb produziert der Iran auch in großen Mengen getrocknete „Sereschk". Sie bereichern Gerichte wie „Sereschk Polo" (Berberitzenreis) und „Kuku Sabzi" (Omelett mit Kräutern) durch eine säuerliche Note. Eine kleine botanische Anekdote am Rande: Die Blüten des Berberitzenstrauchs weisen wie alle Pflanzen der Gattung Berberis eine Besonderheit auf: Wenn man mit einem Grashalm die Staubgefäße (das männliche Organ) berührt, ziehen sie sich sofort zusammen und übertragen ihren Pollen auf das Fruchtblatt (das weibliche Organ), das auf diese Weise bestäubt wird.

Allgemeine Eigenschaften: Buschiger Strauch, Wurzelsprossen bildend, 1 bis 3 Meter hoch, mit dünnen Zweigen und spitzen, manchmal einfachen, meist aber drei- bis siebenteiligen Dornen; trägt Trauben bildende, kleine, rote, längliche Früchte.

Blätter: Klein, in den Dornachseln traubige Blütenstände bildend, oval, am Rand fein gezähnt, mit Blattdornen bewehrt, grün, auf der Unterseite glänzend, auf der Oberseite blasser.

Blüten: Klein, gelb, hängende Trauben bildend.

Früchte: Leuchtend rote, längliche, kleine Beeren (0,5 bis 1 Zentimeter groß), rubinrotes, saftiges, wenig süßes, sehr saures und zusammenziehendes Fruchtfleisch, hängende Trauben bildend (Reifezeit August bis Oktober).

Standort: Vereinzelt in den Alpen, sonst zerstreut in allen Landschaften vor allem im Süden und Osten Deutschlands; gedeiht besonders gut in Hecken in kalkhaltigem Boden, an steinigen oder trockenen, mit Büschen bewachsenen Hängen.

[1] Mit der Hitzewelle 2013 tauchte in Deutschland der sonst sehr seltene Getreideschwarzrost auf. Da das Pilzmycel nicht winterhart ist, wird ihm keine Überlebenschance gegeben. Allerdings wird eine Ausbreitung dieses Schaderregers im Zuge des Klimawandels nicht ausgeschlossen. Dies hätte dann unter Umständen Auswirkungen auf die Berberitze, denn wie Beispiele aus anderen Ländern zeigen, kann der Schaden für die Landwirtschaft so groß sein, dass man Gegenmaßnahmen ergreift: So gab es Anfang des 20. Jahrhunderts in den USA ein Verbot der Anpflanzung von Berberitzen und des Transportes der Beeren, um die Ausbreitung des Schwarzrostes einzudämmen. In Frankreich wurde die Anpflanzung von Berberitzen seit dem 17. Jahrhundert verboten. Mittlerweile wurde dieser Erlass außer Kraft gesetzt, da der Getreideschwarzrost dank widerstandsfähigerer Weizensorten ausgerottet zu sein scheint. Auch in Ostpreußen der 1930er Jahre wurde per Flugblatt gefordert: „Bekämpft den Schwarzrost des Getreides! Rottet die Berberitze aus!"

Botanischer Steckbrief

Ernte

Wegen der zahlreichen Dornen und der damit
verbundenen Gefahr schmerzhafter Kratzer ist
die Ernte von Berberitzen mühsam. Deshalb ist
es empfehlenswert, dabei Handschuhe zu tragen. Pflücken Sie die ganz reifen Früchte – wenn
möglich nach einem Frost, sofern die Vögel nicht
schneller sind.

Anbau

Wie bereits erwähnt, wurde die Berberitze im
Laufe der Jahre aufgrund des Getreideschwarz-
rosts stark zurückgedrängt. Wenn Sie diesen
Strauch anpflanzen, der reichhaltig Nektar und
Pollen produziert und eine schöne Defensivhecke
mit Früchten bilden kann, leisten Sie einen Bei-
trag zur biologischen Vielfalt.
Boden: Lockerer, wenn möglich kalkhaltiger
Boden.
Standort: Sonnig.
Pflege: Im ersten Jahr regelmäßig gießen.
Vermehrung: Aussaat im Herbst, Schösslinge
oder Vermehrung durch Stecklinge.

Inhaltsstoffe und Eigenschaften

Berberitzen enthalten drei Mal mehr Vitamin C als Orangen. Doch um es nutzen zu können, müssen die Beeren roh verzehrt werden (zum Beispiel in einem Smoothie). Die Volksmedizin schreibt den Berberitzenbeeren eine kräftigende Wirkung für den ganzen Organismus zu. Doch Vorsicht: Schwangere oder stillende Frauen sollten diese Beeren nicht essen.

Verwendung in der Küche

• Roh und gekocht essbare Beere.
• Gewinnung von Saft mit dem Entsafter oder durch Kochen der Beeren (5 bis 10 Minuten in einem Topf mit ein wenig Wasser, dann filtern) und Gewinnung des Fruchtfleischs mithilfe eines Siebs.
• Gemischt mit anderen Früchten: Kompott, Geleekonfekt aus Fruchtmark (Seite 55), Gelee (Seite 24), Sirup (Seite 148), Sorbet (Seite 90), Torte …
• Aufbewahrung im Gefrierschrank oder getrocknet (im Internet erhältlich).

Apfel-Berberitzen-Konfitüre

Da das Ernten von Berberitzen langwierig und mühsam ist, bietet es sich an, diese Früchte mit Äpfeln gemischt zu einer Konfitüre zu verarbeiten. Die leuchtend rote Farbe und der saure Geschmack der Berberitzen sind ein Traum!

Für 4 Gläser à 350 g: 300 g Berberitzen • 700 g Apfel • 700 g heller Rohrzucker • Saft von 1 Zitrone.

1. Die Berberitzen waschen.
2. Die Äpfel schälen, Kerngehäuse entfernen und Fruchtfleisch in kleine Würfel schneiden.
3. Das Obst in einen großen Topf füllen, Zucker und Zitronensaft hinzufügen.
4. Die Mischung auf kleiner Flamme erhitzen. Sobald sie zu kochen beginnt, die Hitzezufuhr etwas erhöhen und alles 15 Minuten kochen lassen, bis eine Temperatur von 106 °C erreicht ist (Gelierpunkt für Konfitüren, mit einem Küchenthermometer überprüfen). Alternativ geben Sie einen Tropfen der Konfitüre auf einen kalten Teller: Er muss sofort gelieren.
5. Die Konfitüre noch kochend in vier Marmeladengläser füllen, die zuvor mit kochendem Wasser ausgespült wurden.
6. Die Gläser fest verschließen, dann umdrehen. Nach dem Abkühlen an einem kühlen Ort vor Licht geschützt aufbewahren.

Hirsepudding
mit Berberitzen karamell

Dies ist eine Variante des bekannten Reispuddings – hier mit Hirse und Berberitzenkaramell. Sein „blutiges" Aussehen begeistert Kinder ganz besonders.

Für 6 kleine Auflaufformen: 120 g Hirse • 700 ml Sojamilch • 140 g heller Rohrzucker • 100 ml Berberitzensaft • 2 Eier.

1. Die Hirse abspülen.
2. Einen großen Topf ausspülen und ein wenig Wasser darin lassen (um zu vermeiden, dass die Milch am Boden anbrennt).
3. Die Sojamilch hineingießen und zum Kochen bringen.
4. Die Hirse hinzufügen, umrühren, abdecken, Hitze deutlich reduzieren und 30 Minuten köcheln lassen. Gelegentlich umrühren.
5. Wenn die Hirse gar ist (probieren), abkühlen lassen.
6. Den Backofen auf 180 °C vorheizen.
7. Währenddessen den Berberitzenkaramell vorbereiten. In einem kleinen Topf 70 g Zucker mit dem Berberitzensaft verrühren. Auf kleiner Flamme 5 Minuten erhitzen, bis die Mischung eine leicht sirupartige Konsistenz hat.
8. Mit diesem Karamell jeweils den Boden und den Rand der 6 kleinen Auflaufformen bestreichen. Beiseitestellen.
9. Den restlichen Zucker in den Topf mit der Hirse füllen, dann die Eier hinzufügen.
10. Diese Mischung auf die Auflaufförmchen verteilen und diese für 20 Minuten in den Backofen schieben.
11. Die kleinen Hirsepuddings abkühlen lassen, dann stürzen.

Tipp: Dieses Rezept kann mit jedem sauren Beerensaft zubereitet werden.

HEIDELBEEREN
Vaccinium myrtillus L. (Ericaceae)
Blaubeere, Schwarzbeere, Mollbeere, Wildbeere,
Waldbeere, Bickbeere, Zeckbeere, Moosbeere
Frucht: Heidelbeere, myrtille, blueberry

Heidelbeeren zählen zweifellos zu den besten wild wachsenden Beeren. Waldheidelbeeren sind kleine, bläuliche runde Früchte, die bei Gourmets aufgrund ihres saftigen, aromatischen Fleischs und der zahlreichen Verwendungsmöglichkeiten in der Küche besonders beliebt sind. Als Kuchenzutat erinnern sie beispielsweise an einen Urlaub in den Bergen, und in den USA werden sie gern in Muffins verwendet. Dank ihres hohen Gehalts an Ballaststoffen, Vitaminen (beispielsweise Vitamin A) und Antioxidanzien ist die Heidelbeere eine besonders gesunde Frucht.

Allgemeine Eigenschaften: Belaubter Zwergstrauch, 20 bis 60 Zentimeter hoch, kriechend, mit zahlreichen aufrechten Zweigen, in Wäldern mit saurem Humus in Kolonien.

Blätter: Klein (1 bis 2 Zentimeter), oval und spitz zulaufend, gezähnt, kräftig grün und unbehaart (glatt).

Blüten: Glockenförmig, bauchig, hellrosafarben, nach unten gebogen.

Früchte: Blauschwarze oder schwarze Beeren, die im reifen Zustand blaugrau bereift sind, etwa erbsengroß, mit rubinrotem Fleisch, saftig, süß und mehr oder weniger sauer (Reifezeit Juli bis September).

Standort: Halbschatten, verbreitet in Mittelgebirgen bis in die Hochlagen (im Flachland seltener), in lichten Nadelwäldern, unter Kiefern oft in Massenbeständen, in feuchtem Heideland sowie Moor- und Bergheiden.

Ernte

In vielen Gegenden ist das Pflücken von Heidelbeeren reglementiert (Sammelzeit, Menge pro Tag
und Person, Erlaubnis oder Verbot von Heidel-
beerkämmen). Anfang Juli sollten Sie sich in Ihrer
Region erkundigen. Bitte beachten Sie auch die
Sammelempfehlungen auf Seite 9.

Anbau

In Baumschulen werden meist Zuchtformen
verkauft, die auf die Amerikanische Heidelbeere
(Vaccinium corymbosum) zurückgehen. Vorteile:
Das Anpflanzen im Garten ist möglich, sie bringen
einen guten Ertrag und tragen größere Früchte.
Nachteil: Die Beeren schmecken weniger aroma-
tisch als Waldheidelbeeren.
Boden: Lockerer Boden mit saurem Humus (an-
gereichert mit Komposterde, Heideboden oder
Koniferennadeln), mit ein wenig Kompost; mehre-
re Sträucher pflanzen, um eine gute Bestäubung
zu sichern.
Standort: Sonnig.
Pflege: Mulchen mit Koniferennadeln, um die
Feuchtigkeit zu halten, in den ersten Jahren re-
gelmäßig gießen.
Vermehrung: Aussaat in 2 Zentimeter tiefem
Heideboden, Abmoosen (Ringmethode), Teilung
größerer Pflanzen.

Inhaltsstoffe und Eigenschaften

Heidelbeeren gelten als kräftigend. Die gegarten oder getrockneten Beeren werden gegen Durchfall eingesetzt. Auch den Blättern des Heidelbeerstrauchs werden in der Volksmedizin Heilwirkungen zugeschrieben: So sollen sie den Blutzucker senken, desinfizierend und harntreibend wirken. Da bei länger dauernder oder hochdosierter Anwendung Vergiftungserscheinungen auftreten können, andererseits aber Belege für die Wirksamkeit fehlen, ist von der Anwendung der Blätter abzuraten.

Verwendung in der Küche

- Roh (Vorsicht: Risiko durch Fuchsbandwurm, siehe Seite 9) und gekocht essbar.
- Gewinnung des Safts mit dem Entsafter und des Fruchtfleischs mit einem Sieb.
- Verarbeitung zu Kompott, Geleekonfekt aus Fruchtmark (Seite 56), Fruchtleder (Seite 42), Konfitüre (Seite 124), Gelee (Seite 24), Sirup (Seite 148), Sorbet (Seite 90), Likör (Seite 36), Essig (Seite 134) …
- Aufbewahrung im Gefrierschrank oder getrocknet (siehe Seite 12).

Heidelbeer konfitüre

Wenn Sie im Wald nicht genügend Heidelbeeren finden, um Konfitüre zu kochen, können Sie für dieses Rezept auch Zuchtheidelbeeren verwenden. Als besondere Verfeinerung verwenden Sie halb hellen Rohrzucker, halb Vollrohrzucker.

Für 4 Gläser à 350 g: 1 kg Heidelbeeren (aus dem Wald oder Zuchtheidelbeeren) • 350 g heller Rohrzucker • 350 g Vollrohrzucker • Saft von 1 Zitrone.

1. Die Heidelbeeren waschen.
2. Die Früchte zusammen mit dem Zucker und dem Zitronensaft in einen Kochtopf füllen. Alle Zutaten miteinander verrühren.
3. Die Mischung 8 Stunden ziehen lassen. Dabei gelegentlich umrühren.
4. Auf kleiner Flamme erhitzen. Sobald die Mischung zu kochen beginnt, die Hitzezufuhr etwas erhöhen und alles 15 Minuten kochen lassen, bis eine Temperatur von 106 °C erreicht ist (Gelierpunkt für Konfitüren, mit einem Küchenthermometer überprüfen). Alternativ geben Sie einen Tropfen der Konfitüre auf einen kalten Teller: Er muss sofort gelieren.
5. Die heiße Konfitüre in vier Marmeladengläser füllen, die zuvor mit kochendem Wasser ausgespült wurden.
6. Deckel fest zudrehen, Gläser umdrehen und nach dem Auskühlen verstauen. Die Konfitüre sollte in einem kühlen Raum und vor Licht geschützt aufbewahrt werden.

Käsekuchen mit Heidelbeeren

Dieser Klassiker der angelsächsischen Küche wird mit Frischkäse zubereitet. Mit Heidelbeerkompott schmeckt er noch köstlicher.

Für 8 Portionen: 300 g bretonisches Sandgebäck (oder andere knusprige Kekse) • 100 g Süßrahmbutter • 600 g Ricotta • 600 g Frischkäse (z. B. „Philadelphia") • 150 g heller Rohrzucker • 5 Eier • 2 EL flüssiger Vanilleextrakt • 400 g Waldheidelbeeren • 100 g heller Rohrzucker • 1 TL Agar-Agar.

1. Die Kekse zerbröckeln, dann fein mahlen.
2. Die Butter auf kleiner Flamme in einem kleinen Topf zerlassen, über die gemahlenen Keksbrösel gießen und beides gut vermischen.
3. Den Boden einer Tortenform (22 cm Durchmesser) mit Backpapier auslegen. Das Backpapier zwischen Boden und Tortenring einklemmen, damit es nicht verrutscht und der Tortenboden sich leichter aus der Form löst.
4. Die Keks-Butter-Mischung in die Form füllen und zunächst mit der Handfläche glätten, dann mit dem Boden eines zylindrisch geformten Glases. Nach und nach die Mischung auch an den Rändern der Tortenform hochziehen und mithilfe des Glases festdrücken.
5. Den Backofen auf 150 °C vorheizen.
6. In einer großen Schüssel mit einem Handrührgerät vorsichtig den Ricotta mit dem Frischkäse verrühren. Den Zucker, die Eier und die Vanille hinzufügen. Weiter verrühren, bis eine homogene Masse entsteht; dabei am Handrührgerät eine niedrige Stufe einstellen, damit die Masse nicht zu flüssig wird.
7. Diese Masse in die Form füllen und 1 Stunde backen. Dann den Backofen ausschalten, aber den Käsekuchen darin stehen lassen, bis er komplett ausgekühlt ist.
8. Den Käsekuchen 24 Stunden im Kühlschrank kaltstellen.
9. Die Heidelbeeren waschen, mit Zucker und Agar-Agar in einen Topf füllen. Unter ständigem Rühren langsam erhitzen. Wenn die Mischung zu kochen beginnt, 30 Sekunden weiter rühren. Vom Herd nehmen und abkühlen lassen. Das Kompott auf den Käsekuchen streichen, diesen dann für weitere 24 Stunden in den Kühlschrank stellen.
10. Den Käsekuchen vorsichtig aus der Form lösen, indem zunächst der Tortenring abgenommen wird. Den Kuchen auf eine Tortenplatte stellen, vorsichtig den Boden der Tortenform und dann das Backpapier entfernen.

Heidelbeer waffeln

Wer würde angesichts dieser Heidelbeerwaffeln nicht weich werden? Ihr knuspriges Geheimnis: Verwenden Sie keine Milch für den Teig, sondern Wasser. Ich verwende außerdem Cidre, um den Teig noch leichter zu machen.

Für 8 Portionen: 250 g Weizenmehl Type 550 • 1 gehäufter TL (5 g) Backpulver • 10 g heller Rohrzucker • 2 Eier • 200 ml frisches Wasser • 150 ml Cidre (oder Bier) • 50 ml Sonnenblumenöl • 120 g Waldheidelbeeren • Puderzucker.

1. In einer großen Schüssel das Mehl mit dem Backpulver und dem Zucker verrühren.
2. In die Mitte eine Kuhle machen und die Eier dort aufschlagen.
3. Verkneten und nach und nach das Wasser, den Cidre und das Sonnenblumenöl einarbeiten.
4. Den Teig 1 Stunde ruhen lassen.
5. Die gewaschenen Heidelbeeren hinzufügen und vorsichtig unterheben.
6. Das Waffeleisen vorheizen.
7. Wenn das Gerät heiß ist, die Platten mithilfe enes Backpinsels einölen. Eine Kelle Teig auf die Platten geben und verstreichen, sodass die gesamte Fläche mit Teig bedeckt ist.
8. Das Waffeleisen schließen und mindestens 10 Sekunden geschlossen halten. Das Gerät umdrehen, damit der Teig sich verteilt. Einige Minuten backen. Die Dauer ist bei jedem Gerät individuell unterschiedlich.
9. Die Waffel vorsichtig mit der Spitze eines Messers lösen und aus dem Gerät holen. Auf diese Weise den gesamten Teig verarbeiten.
10. Die Waffeln mit etwas Puderzucker bestäuben und servieren.

BROMBEEREN
Rubus fruticosus L. (Rosaceae)
Frucht: Brombeere, mûre, blackberry

Man kann den Brombeeren vorwerfen, dass sie sich mit einem Schutzwall aus zahlreichen Dornen umgeben; doch sie schmecken wunderbar aromatisch. Während des gesamten Sommers nehmen sie langsam die Sonnenstrahlen auf, um viel Zucker zu produzieren und einzulagern. Das ist ein Geschenk für Vögel und Kinder gleichermaßen, die diese schwarzen Himbeeren lieben (siehe Seite 38). Ihre dunkle Farbe weist auf Anthocyane hin, Pflanzenfarbstoffe mit antioxidativer Wirkung. Dasselbe gilt zum Beispiel auch für die schwarzen Aroniabeeren, die schwarzen Johannisbeeren und Heidelbeeren. Brombeersträucher sind Pionierpflanzen: Sie siedeln sich schnell in brach liegenden Gebieten oder einem verlassenen Winkel im Garten an. Manchmal ist es zwar erforderlich, sie zu schneiden, aber ansonsten sollte man sie einfach wachsen lassen, damit sie der Tierwelt Schutz, Unterschlupf und Nahrung bieten können. Da Brombeersträucher sehr ertragreich sind, werden sie Ihnen die Grundlage für köstliche Konfitüren und Desserts liefern.

Allgemeine Eigenschaften: Kletterpflanzen (sogenannte „Spreizklimmer") mit mengenmäßig durchschnittlicher Belaubung, 1 bis 3 Meter hoch, mit gekrümmten Stacheln an den langen Stängeln, die sich bis zum Boden herabbiegen.

Blätter: Unpaarig, 3- bis 7-fach gefiedert, mittelgroß, ledrig, Teilblättchen oval und spitz zulaufend, an den Rändern gezähnt, stachelig an der unteren Äderung, dunkelgrün.

Blüten: Klein, weiß bis rosafarben, aus fünf Blütenblättern bestehend.

Früchte: Schwarze Sammelsteinfrucht, 1 bis 2 Zentimeter lang, saftig, süß und mäßig sauer (Reifezeit August bis Oktober).

Standort: Verbreitet in allen Hecken und Wäldern, an Waldrändern und auf Brachland.

Die Schwarze Maulbeere

Die Früchte der Schwarzen Maulbeere (Morus nigra) ähneln unseren Brombeeren. Diese Pflanze stammt aus Westasien, wird seit Langem im Mittelmeergebiet kultiviert und ist dort heimisch. Dieser schöne Zierstrauch ist sehr wärmebedürftig und daher in Mitteleuropa nur in Gärten in wärmsten Lagen anzutreffen. Die Früchte sind allerdings weniger süß und weniger aromatisch als Brombeeren.

Ernte

Die Ernte ist in der Regel einfach. Die Früchte sind reif, wenn sie sich leicht abziehen lassen. Es empfiehlt sich, sie in kleine Schalen zu legen, da sie leicht zerquetscht werden.

Anbau

Warum sollte man Brombeeren im eigenen Garten anpflanzen, wenn sie doch überall üppig wachsen? Ganz einfach: Weil einige Zuchtformen, die in den Baumschulen verkauft werden, keine Stacheln haben oder längliche, runde, rote oder besonders große Früchte tragen. Ein Tipp: Pflanzen Sie Loganbeeren an, eine Kreuzung aus Brombeere und Himbeere mit recht großen, länglichen Früchten.

Boden: Jede Bodenart, bevorzugt gut entwässert, mit ein wenig Kompost angereichert.

Standort: Sonnig bis schattig.

Pflege: Im ersten Jahr regelmäßig gießen und jeden Winter schneiden, damit eine gut strukturierte Hecke entsteht und die Sträucher nicht zu sehr wuchern.

Vermehrung: Aussaat, Vermehrung durch Stecklinge im Winter, Abmoosen oder Teilung größerer Pflanzen im Frühling.

Inhaltsstoffe und Eigenschaften

Brombeeren enthalten unter anderem Vitamin C, Eisen, Kalium und Magnesium. Durch ihren Ballaststoffgehalt unterstützen sie den Verdauungsprozess. Werden die Blätter als Tee ausgekocht (100 g auf 1 Liter Wasser), können sie Entzündungen im Mund- und Rachenraum lindern.

Verwendung in der Küche

- Roh und gekocht essbare Beere.
- Gewinnung von Saft mit dem Entsafter und von Fruchtfleisch mithilfe eines Siebs.
- Verarbeitung zu Kompott, Torte, Kuchen, Geleekonfekt aus Fruchtmark (Seite 56), Fruchtlieder (gemischt mit Banane, Seite 42), Konfitüre (Seite 124), Gelee (Seite 24), Sirup (Seite 148), Sorbet (Seite 90), Likör, Essig (Seite 134) …
- Aufbewahrung im Gefrierschrank.

Brombeeressig

Damit dieses Rezept besonders gut gelingt, benötigen Sie sehr reife Brombeeren. Sie sollten diese möglichst an einem sonnigen Tag pflücken. Dieser äußerst aromatische Essig passt hervorragend zu Herbstsalaten mit Nüssen, Feigen und Blauschimmelkäse.

134

Wild wachsende
Beeren

Rezept

Für 1 l Essig: 300 g Brombeeren • 900 ml Apfelessig.

1. Die Brombeeren waschen. Mit einer Gabel auf einem Teller zerdrücken.
2. In ein großes Glas füllen, Essig hinzufügen und gut verrühren.
3. Zwei Wochen gären lassen, wenn möglich in der Sonne oder neben einem Holzofen. Währenddessen gelegentlich umrühren.
4. Die Mischung erst durch ein feines Sieb, dann durch einen Kaffeefilter gießen. In eine Flasche abfüllen.

Brombeer-Cobbler

Ursprünglich wird dieser typisch amerikanische Kuchen aus der Kategorie „Nachtisch nach Großmutters Art" mit Heidelbeeren gebacken. Der Teig ist ein Mittelding zwischen Joghurtkuchen und Muffin. Als Krönung gibt es obendrauf als Belag noch eine besonders knusprige Schicht. Eine Schlemmerei mit Brombeeren und pflanzlichen Milchalternativen.

Für 8 Portionen: **Kuchen:** 100 g Weizenmehl Type 550 • 100 g Weizenmehl Type 1050 • 120 g heller Rohrzucker • 1 Päckchen Backpulver • 1 Ei • 100 g Mandelmus • 120 ml Sojamilch • 400 g Brombeeren
Belag: 100 g Weizenmehl Type 550 • 100 g heller Rohrzucker • 50 g Mandelmus • 4 EL Milch (z. B. Hafer- oder Sojamilch).

1. Den Backofen auf 180 °C vorheizen. In einer großen Schüssel für den Teig beide Mehlsorten mit dem Zucker und dem Backpulver mischen.
2. In einer anderen Schüssel die Eier mit dem Mandelmus und der Milch verrühren. Die Mischung in die erste Schüssel gießen. Alles miteinander verrühren.
3. Eine Springform mit Rohrboden (oder eine Ringkuchenform) einölen, den Teig hineinfüllen.
4. Die Brombeeren waschen, abtropfen lassen, auf dem Teig verteilen und leicht hineindrücken.
5. Den Belag vorbereiten. Dazu in einer Schüssel das Mehl mit dem Zucker mischen. Mandelmus und Milch hinzufügen. Die Zutaten so lange verrühren, bis eine körnige Masse entsteht. Auf den Brombeeren verteilen.
6. Im Ofen 40 Minuten backen.

Brombeer-Karamellbonbons

Dies ist eine fruchtige Karamellvariante, die allerdings zwangsläufig ein wenig an den Zähnen klebt. Damit die Karamellbonbons besonders gut gelingen, brauchen Sie ein Küchenthermometer, mit dem Sie die Temperatur des Karamells kontrollieren können.

Für ungefähr 30 Karamellbonbons: 150 g Brombeeren • 100 g milder Honig (z. B. Akazienhonig) • 320 g heller Rohrzucker • 100 g Sojacreme.

1. Die Brombeeren waschen.
2. Die Brombeeren mixen, sodass Püree entsteht. Das auf diese Weise gewonnene Fruchtfleisch durch ein feines Sieb streichen. So erhält man etwa 90 g Fruchtfleisch.
3. Eine kleine, rechteckige Form mit Backpapier auslegen.
4. Das Brombeer-Fruchtfleisch mit dem Honig und dem Zucker in einen Topf füllen.
5. Die Mischung auf kleiner Flamme erhitzen, dabei regelmäßig mit einem Kochlöffel aus Holz umrühren. Wenn der Karamell eine Temperatur von 148 bis 150 °C erreicht, Herdplatte ausschalten.
6. Die Sojacreme in einem kleinen Topf zum Kochen bringen und sofort auf den noch kochenden Karamell gießen. Vorsicht: Es kann spritzen!
7. Die Mischung auf 128 bis 130 °C erhitzen, danach in die Form gießen.
8. Abkühlen lassen, dann den Karamell in kleine Quadrate schneiden.

Tipp: Die Karamellbonbons auf Backpapier in einer verschlossenen Dose aufbewahren.

HOLUNDERBEEREN

Sambucus nigra L. (Adoxaceae)

Holderbusch, Holler

Frucht: Holunderbeeren, baie de sureau, elderberry

Viele Menschen glauben, dass Holunderbeeren giftig sind. Und sie haben recht, zumindest teilweise. Man müsste aber mindestens eine ganze Handvoll roher Beeren essen, um davon krank zu werden. Doch warum sollte man das riskieren, zumal Holunderbeeren nach dem Kochen problemlos essbar und noch dazu sehr lecker sind? Man erkennt sie an der hängenden Doldentraube, die leicht gepflückt werden kann. Aus den kleinen, schwarzen Beeren kann man wunderbare Gelees und Konfitüren herstellen, die obendrein gesund sind. Essen Sie einige Löffel davon, wenn Sie an einer Erkältung oder Grippe leiden: Die Volksmedizin schreibt den Holunderbeeren fiebersenkende und abwehrstärkende Eigenschaften zu. Im Frühling bringt der Schwarze Holunder weiße bis perlmuttfarbene, kelchförmige Blüten hervor, die stark duften und Pollen tragen.

Allgemeine Eigenschaften: 1 bis 10 Meter hoher, ausladender Strauch mit großen, geraden Ästen, belaubt, mit schwarzen Beeren, oft einzeln stehend.

Blätter: Zusammengesetzt, Teilblätter mittelgroß, länglich, spitz, an den Rändern gesägt, satt grün.

Blüten: Sehr klein, weiß, Doldentrauben bildend (8 bis 20 Zentimeter groß), duftend und voller Pollen.

Früchte: Kugelig, etwa so groß wie ein Pfefferkorn, hängende Doldentrauben bildend, mit violettem Fleisch, sehr saftig, wenig süß, leicht sauer und zusammenziehend (Reifezeit Juli bis September).

Standort: In ganz Mitteleuropa verbreitet bis in die höheren Mittelgebirge um 1500 Meter, eine der häufigsten Strraucharten, gedeiht als anspruchslose und sehr frostharte Pflanze an Waldrändern, in Hecken, in Gärten, auf unbebautem Gelände und an allen vom Menschen geprägten beziehungsweise brach gefallenen Standorten.

Nicht verwechseln mit …

… dem Zwerg-Holunder (Sambucus ebulus), dessen Blüten und Beeren giftig sind, auch wenn sie gekocht wurden. Im Gegensatz zum Schwarzen Holunder, dessen Stamm klar zu erkennen ist, handelt es sich beim Zwerg-Holunder nicht um einen Strauch, sondern um eine krautige Pflanze, die nicht höher als 2 Meter wird und Kolonien bildet (häufig am Rande von Gräben). Die Beeren stehen in der Doldentraube aufrecht.

Ernte

Holunderbeeren können problemlos und schnell geerntet werden. Man muss lediglich die Doldentrauben von den Zweigen pflücken. Im Kühlschrank halten die Beeren zwei Tage. Vorsicht: Holundersaft ist stark färbend!

Anbau

In unseren Gärten ist der Schwarze Holunder stark verbreitet. Vielleicht steht ja auch einer in Ihrem Garten? Wenn das nicht der Fall ist, sollten Sie nicht zögern, diesen Strauch anzupflanzen. Er wächst schnell, erzeugt reichhaltig Nektar und Pollen, trägt reichlich Früchte und sieht äußerst dekorativ aus. Er passt sich an jeden Bodentyp an und erfordert kaum Pflege. Kocht man seine Blätter aus, kann man mit dem Sud Blattläuse, Schildläuse und andere schädliche Insekten vertreiben.

Boden: Jeder Bodentyp, der zuvor mit etwas Kompost angereichert wurde.
Standort: Sonnig bis schattig.
Pflege: Im ersten Jahr regelmäßig gießen.
Vermehrung: Schösslinge oder Vermehrung durch Stecklinge.

Inhaltsstoffe und Eigenschaften

Holunderblüten und -früchte werden medizinisch angewendet. Sie haben in der Volksmedizin den Ruf, Fieber zu senken sowie Erkältungen und Atemwegserkrankungen zu lindern. Die getrockneten Blüten werden als Tee aufgebrüht, die Beeren lassen sich beispielsweise als konzentrierte Konfitüre auf der Basis von Honig zubereiten.

Verwendung in der Küche

• Ausschließlich gekocht essbare Beere (roh löst sie Brechreiz aus und wirkt abführend).
• Gewinnung von Saft mit dem Entsafter, von Fruchtfleisch mit dem Sieb.
• Gemischt mit anderen Früchten: Kompott, Geleekonfekt aus Fruchtmark (Seite 146), Sorbet (Seite 90).
• Gelee (Seite 24), Sirup (Seite 148), Crêpes (Seite 82), Kuchen …
• Aufbewahrung im Gefrierschrank.

Focaccia mit Ziegenkäse, Holunderbeeren und roter Zwiebel

Diese italienische Brotspezialität ist flach, dick und schmeckt nach Olivenöl. Noch leckerer ist sie in der nachfolgenden sommerlichen Variante mit Holunderbeeren. Diese Focaccia wird blitzschnell aufgegessen sein!

144
Wild wachsende
Beeren

Rezept

Für 6 bis 8 Portionen: **Brotteig:** 70 ml Olivenöl • 300 ml Wasser • 500 g Weizenmehl Type 550 • 2 TL Salz • 2 TL (8 g) Trockenhefe (oder 15 g frische Hefe).
Zum Garnieren: 100 g Ziegenfrischkäse • 100 g rote Zwiebeln, dünn geschnitten • 1 schöne Doldentraube Holunderbeeren • 4 EL Olivenöl • 2 EL Thymian • Salz und schwarzer Pfeffer.

1. Den Brotteig vorbereiten. Mit Brotbackautomat: Das Olivenöl und das Wasser in den Behälter gießen, dann Mehl, Salz und Hefe hinzufügen; das Programm „Teigzubereitung ohne Backen" oder „Pizzateig" wählen. Ohne Brotbackautomat: Alle trockenen Zutaten in einer großen Schüssel miteinander mischen. Die flüssigen Zutaten in die Mitte füllen und mit einer Gabel verrühren. Den Teig auf der Arbeitsfläche 15 Minuten lang kneten. Kein Mehl mehr hinzufügen. Wenn der Teig homogen und elastisch ist, in eine Schüssel legen, mit einem Tuch abdecken und an einem warmen Ort mindestens 90 Minuten ruhen lassen, bis sich das Teigvolumen verdoppelt hat.
2. Ein rechteckiges Backblech einölen und mit Mehl bestäuben. Den Focaccia-Teig darauf verteilen und mit der Handfläche flachdrücken. 30 Minuten ruhen lassen.
3. Den Backofen auf 200 °C vorheizen.
4. Die gesamte Oberfläche des Teigs in jeweils etwa 5 cm Abstand mit Zeige- und Mittelfinger eindrücken. Den Ziegenfrischkäse darüberbröckeln. Die rote Zwiebel darauf verteilen. Die Holunderbeeren von den Stielen lösen. Das Olivenöl, den Thymian, das Salz und den schwarzen Pfeffer hinzufügen. Die Mischung auf dem Teig verteilen.
5. 30 Minuten backen, dann das Focaccia-Brot in Quadrate schneiden.

Holunder-Geleekonfekt mit Agar-Agar

Im Gegensatz zu roten Johannisbeeren entsteht bei Holunderbeeren flüssiges Fruchtfleisch, wenn man sie entsaftet. Um dieses einzudicken und in Geleekonfekt zu verwandeln, fügen Sie Apfelmus hinzu. Eine weitere Besonderheit dieses Rezepts ist die Verwendung von Agar-Agar. Dieses Geliermittel auf Algenbasis ermöglicht es, weniger Zucker zu nehmen und das flüssige Fruchtfleisch weniger lang zu kochen als es bei der Herstellung von Geleekonfekt aus Fruchtmark nach Großmutters Art der Fall ist (siehe Seite 56).

Für rund 40 Stücke Geleekonfekt: 300 ml Holundersaft • 200 g Apfelmus (fein püriert) • 250 g heller Rohrzucker • 1 gehäufter TL Agar-Agar (3 g) • 100 g heller Rohrzucker (für den Überzug).

1. Den Holundersaft mit dem Apfelmus und dem Zucker in einem großen Topf mit dickem Boden langsam zum Kochen bringen.
2. Wenn die ersten Blasen entstehen, noch 10 Minuten kochen. Dabei gelegentlich umrühren.
3. Die Mischung abkühlen lassen.
4. Währenddessen eine rechteckige Backform mit Backpapier auslegen.
5. Das Agar-Agar unter die erkaltete Mischung rühren. Mit dem Schneebesen schlagen und auf kleiner Flamme erhitzen. Wenn die ersten Blasen entstehen, noch 30 Sekunden aufkochen, dann den Herd abstellen.
6. Die Masse in die Backform gießen. Bei Zimmertemperatur abkühlen lassen. Dann in einem Schrank oder einer Vorratskammer 12 Stunden fest werden lassen.
7. Das Backpapier entfernen. Die klebende Seite des Geleekonfekts mit Zucker bestäuben.
8. Das Geleekonfekt mit einem spitzen Messer in kleine Quadrate mit 2 bis 3 cm Seitenlänge schneiden. In Zucker wälzen. 48 Stunden auf einem Backpapier trocknen lassen und gegebenenfalls noch einmal mit Zucker bestäuben.

Zubereitung: 15 Min. – Garzeit: 10 Min. – Gefrierdauer: 24 Std. – Haltbarkeit: 6 Wochen im Kühlschrank, nach Öffnen der Flasche 3 Wochen.

Holunder-Diabolo

Bieten Sie dieses Getränk Kindern (oder Erwachsenen) an, ohne ihnen zu sagen, um welche Frucht es sich handelt. Vermutlich werden sie auf schwarze Johannisbeere, Brombeere oder Heidelbeere tippen. Sirup aus Holunderbeeren ist in Kombination mit Kombucha ein ganz hervorragender Durstlöscher.

Für 1 l Sirup: 500 ml frisch gepresster Holundersaft • 500 g heller Rohrzucker • Saft von 1 Zitrone.
Diabolo: 2 Flaschen Kombucha (oder kohlensäurehaltiges Wasser).

1. Den Holundersaft mit dem Zucker und dem Zitronensaft in einem großen Topf verrühren.
2. Auf kleiner Flamme erhitzen. Wenn die ersten Blasen entstehen, noch 2 Minuten kochen.
3. Diesen Sirup in die Flaschen füllen, die zuvor mit kochendem Wasser ausgespült wurden.
4. Die Flaschen gut verschließen und nach dem Abkühlen im Kühlschrank aufbewahren.
5. Den Sirup mit gut gekühltem Kombucha genießen.

Beeren

aus fremden Ländern

ARONIABEEREN

Aronia melanocarpa (Michx.) Elliott
(Rosaceae)

Schwarze Apfelbeere, Kahle Apfelbeere, Schwarze Eberesche
Frucht: Aroniabeere, baie d'aronie, black chokeberry

Aroniabeeren sind weniger bekannt als Cranberrys und wurden früher in großem Umfang von den nordamerikanischen Indianern verzehrt, die sie aufgrund ihrer Heilwirkung schätzten. Seit den 1950er Jahren ist sie in den Ländern Osteuropas und in Russland auf dem Vormarsch, wahrscheinlich dank des russischen Botanikers Iwan Mitschurin, der zahlreiche Kulturpflanzen züchtete, die noch heute genutzt werden. Dort gilt die Aroniabeere als Allheilmittel. Aroniabeeren wirken zusammenziehend, sodass sie frisch nur in geringen Mengen gegessen werden. Bei Vögeln sind sie sehr beliebt. Auf unserem Speiseplan machen sich getrocknete oder mit Zucker gekochte Aroniabeeren besonders gut: Sie entwickeln dann ein köstliches Aroma, das an schwarze Johannisbeeren erinnert.

Allgemeine Eigenschaften: Buschiger Strauch, 1,5 bis 3,5 Meter hoch, etwas ausladend, trägt Doldentrauben schwarzer Beeren.

Blätter: Mittelgroß, oval und abgerundet, an den Rändern gesägt, hellgrün bis sattgrün, ledrig, glänzend, unbehaart, im Herbst orange und rot gefärbt.

Blüten: Sehr klein, mit fünf Blütenblättern, weiß bis rosafarben, Doldentrauben bildend (wie beim Schwarzen Holunder).

Früchte: Kugelige, blauschwarze oder schwarze Beeren, glänzend, erbsengroß, mit rubinrotem Fruchtfleisch, ziemlich saftig, mittelmäßig süß, leicht säuerlich und bitter, sehr zusammenziehend (Reifezeit August bis September).

Standort: In lichten Wäldern, an feuchten Böschungen. Ursprünglich aus Nordamerika kommend, im 20. Jahrhundert in Skandinavien, in Osteuropa und in Russland eingeführt.

Ernte

Aroniabeeren sind leicht zu ernten: Sie müssen lediglich die Doldentrauben pflücken. Damit sollten Sie allerdings nicht zu lange warten, da die Beeren rasch abfallen, wenn sie reif werden. Im Kühlschrank halten sie sich bis zu zwei Wochen, doch ist es besser, sie rasch einzufrieren oder zu trocknen. Vorsicht: Aroniabeeren sind stark färbend. Mit einem guten Waschmittel und Natron können Sie die Flecken aber wieder entfernen.

Anbau

Wenn die Reife der Beeren kurz bevorsteht, können Sie ein Netz über dem Strauch ausbreiten, um sie vor den Vögeln zu schützen.
Der Strauch ist im Garten leicht zu pflegen und zudem nützlich: Er erzeugt reichlich Nektar und Pollen, trägt Früchte, ist sehr robust. Er hält Temperaturen von bis zu –25 °C aus und hat im Herbst hübsch gefärbtes Laub.
Boden: Lockerer, feuchter Boden, neutral bis leicht sauer (mit Heideboden angereichert), mit ein wenig Kompost; die Aroniabeere mag auch gemäßigt kalkhaltigen Boden.
Standort: Sonnig bis leicht schattig.
Pflege: Mulchen, um die Feuchtigkeit zu halten, regelmäßig gießen.
Vermehrung: Aussaat im Frühling, nachdem die Samen kühl gelagert worden sind, 1 Zentimeter tief in Heideboden (ungefähr zwei bis drei Monate Dauer bis zur Keimung), Vermehrung durch Stecklinge im Spätsommer, Teilung größerer Pflanzen im Winter.

Inhaltsstoffe und Eigenschaften

Aroniabeeren sind reich an Vitamin C, Ballaststoffen und Antioxidanzien (Anthocyanen). In der Volksmedizin gelten Aroniabeeren als Heilmittel.

Verwendung in der Küche

• Roh (aber zu zusammenziehend, um größere Mengen zu verzehren) und gekocht essbare Beere.
• Gewinnung von Saft mit dem Entsafter, von Fruchtfleisch mit dem Sieb.
• Gemischt mit anderen Früchten: Kompott, Geleekonfekt aus Fruchtmark (Seite 56), Fruchtleder (Seite 42), Konfitüre (Seite 124), Sorbet (Seite 90).
• Gelee (Seite 24), Sirup (Seite 148), Likör (Seite 36), Essig (Seite 134) …
• Aufbewahrung im Gefrierschrank oder getrocknet.

Mohnkuchen mit Aroniabeeren

Aroniabeeren sind in Russland ebenso beliebt wie Mohn. Mit der Kombination aus beidem reiche ich Ihnen das Rezept für einen wunderbaren Kuchen weiter. Der Dank dafür gebührt Florence. Dieser Kuchen ist weich, gehaltvoll und zergeht auf der Zunge.

Für 6 bis 8 Portionen: 200 g Mohnsamen • 125 g gemahlene Mandeln • 4 Eier • 180 g heller Rohrzucker • 1 TL Backpulver • 100 g Mandelmus • 100 g Sojacreme • 130 g frische Aroniabeeren • 1 Prise Salz • ein Spritzer Zitronensaft.

1. Am Vortag die Mohnsamen in den Gefrierschrank legen.
2. Am Backtag die gemahlenen Mandeln mit den Mohnsamen zusammen im Mixer zerkleinern, bis ein einheitliches Pulver entsteht.
3. Den Backofen auf 160 °C vorheizen. Die Eier aufschlagen, Eigelb und Eiweiß trennen.
4. Das Eigelb mit 100 g Zucker und Backpulver schlagen, bis eine weißliche Masse entsteht.
5. Das Mandelmus, die Sojacreme und die Aroniabeeren hinzufügen.
6. Das Eiweiß mit dem Salz und dem Zitronensaft zu Schnee schlagen. Anfangs langsam schlagen, wenn das Eiweiß schaumig wird, den Rest des Zuckers hinzufügen. Schneller schlagen, bis das Eiweiß zu festem Schnee geworden ist.
7. Den Eischnee nach und nach mit einem Teigschaber unter die Mohnmischung heben.
8. Dann die Eischnee-Mohn-Mischung vorsichtig mit der Eigelbmasse vermischen.
9. Den Teig in eine mit Backpapier ausgelegte Kastenform gießen und 1 Stunde backen.

Obstspeise mit getrockneten Aroniabeeren

Das Rezept für diese Süßspeise geht auf Dr. Catherine Kousmine zurück. Durch ihre langjährige Forschungsarbeit gelangte sie zu der Überzeugung, dass die Gesundheit des Menschen eng mit einer gesunden und ausgewogenen Ernährung in Zusammenhang steht. Außerdem wollte sie mit diesem Dessert ihre Kollegin Johanna Budwig ehren, weshalb es auch „Budwig-Creme" genannt wird. Für dieses Rezept werden getrocknete Aroniabeeren verwendet, die reich an Antioxidanzien sind und Energie verleihen.

Für 1 Portion: 2 EL Joghurt aus Schafsmilch (beziehungsweise aus Ziegenmilch oder aus Soja) • 1 EL Leinöl (beziehungsweise Walnussöl, erste Kaltpressung) • 1 sehr reife Banane (beziehungsweise 3 getrocknete Aprikosen, die am Vortag in Wasser eingelegt und dann klein gehackt wurden, oder 1 EL naturbelassenes Kastanienmus oder 1 EL Agavendicksaft) • Saft einer halben Zitrone • 1 EL Hanfsamen* (beziehungsweise Leinsamen, Sesam, Sonnenblumenkerne, Walnüsse, Haselnüsse, Pistazien oder Ähnliches) 1 EL Buchweizen* (beziehungsweise Hirse, Amaranth, Vollkornreis oder Quinoa, abgespült) • 100 g Himbeeren • 1 frische Feige, in Stücke geschnitten (oder eine andere frische Frucht der Saison, aber keine Zitrusfrucht) • ein Dutzend getrocknete Aroniabeeren.

1. In einer Schale den Joghurt mit dem Leinöl verrühren, bis die Mischung cremig wird.
2. Die Banane hinzufügen und mit der Gabel zerdrücken.
3. Den Zitronensaft in die Mischung gießen, dann die Hanfsamen und den Buchweizen unterrühren.
4. Die Himbeeren, die Feigenstücke und die Aroniabeeren hinzufügen.
5. Sofort genießen.

Tipp: Diese Obstspeise mit getrockneten Aroniabeeren lässt sich nicht im Voraus zubereiten. Damit sie besonders gut gelingt, ist es empfehlenswert, die ölhaltigen Samen und Getreidekörner am Vorabend in Wasser einzuweichen. Wenn Sie das tun, sollten Sie zur Weiterverarbeitung statt einer Getreidemühle eher einen Mörser verwenden.

* Unbedingt erst direkt vor dem Gebrauch mahlen.

CRANBERRYS
Vaccinium macrocarpon Ait. (Ericaceae)
Großfrüchtige Moosbeere, Kraanbeere, Kranbeere
Frucht: Cranberry, canneberge, cranberry[1]

Cranberrys sind in den USA und in Kanada die Herbstfrucht schlechthin. Dort kann man in dieser Jahreszeit ganze „rote Meere" mit Millionen reifer Cranberrys sehen. Diese Beeren sind mit der Heidelbeere und der Preiselbeere verwandt und inzwischen auch in Deutschland bekannt. Man findet sie in erster Linie getrocknet in Bioläden, aber gelegentlich auch frisch auf dem Markt oder in ausgesuchten Geschäften. Zögern Sie nicht, Cranberrys zu kaufen, denn sie werten alle Arten von Backwaren auf. In Mitteleuropa kommt wild wachsend die Gewöhnliche Moosbeere (Vaccinium oxycoccos) vor, die kleiner ist als ihre in diesem Kapitel behandelte amerikanische Verwandte. Aufgrund ihrer Seltenheit und dem Schwinden ihres natürlichen Standorts (feuchtes Heideland und Moore) wird sie in der Roten Liste als „gefährdet" eingestuft, ist aber vom Gesetzgeber nicht besonders geschützt. In jedem Fall sind aber, wie immer, die Sammelempfehlungen auf Seite 9 zu beachten.

Allgemeine Eigenschaften: 15 bis 30 Zentimeter großer Zwergstrauch mit dünnen, kriechenden Zweigen von 30 Zentimetern bis 1,50 Meter Länge. Im östlichen Nordamerika in Heideland und Mooren wild vorkommend und Kolonien bildend.

Blätter: Klein, oval und an der Spitze abgerundet, grün und glänzend auf der Oberseite, graugrün auf der Unterseite.

Blüten: Klein, aus einer rosafarbenen Blütenkrone gebildet, deren vier Lappen (im reifen Zustand) nach außen gebogen sind; die gelben Staubgefäße sind deutlich sichtbar.

Früchte: Große, kugelige, eiförmige oder birnenförmige Beeren, im Allgemeinen rot (manchmal auch weiß), mit ledriger, glänzender Haut und weißem Fruchtfleisch, saftig, knackig wie ein Apfel, sehr wenig süß und sehr sauer (Reifezeit September bis November).

Standort: Stammt ursprünglich aus Nordamerika (Süden Kanadas und Norden der USA). Ihre Verwandte, die Gewöhnliche Moosbeere (Vaccinium oxycoccos), kommt auf der Nordhalbkugel von den gemäßigten Breiten bis in die polaren Regionen vor, in Deutschland vorzugsweise in den Moor- und Heidegebieten der norddeutschen Tiefebene sowie in höheren Lagen der Mittelgebirge.

[1] Im Englischen bedeutet „crane" „Kranich" – eine Anspielung auf die charakteristische Form der Blüte.

Ernte

In Deutschland ist das Sammeln der Gewöhnlichen Moosbeere *(Vaccinium oxycoccos)* nicht verboten, es gelten aber die allgemeinen gesetzlichen Bestimmungen im Bundesnaturschutzgesetz (siehe Sammelempfehlungen auf Seite 9).

Anbau

Wie die Zuchtheidelbeeren (siehe Seite 120) sind auch Cranberrys sehr robust und passen sich an unsere Gegebenheiten an.

Boden: Lockerer Boden mit saurem Humus (angereichert mit Komposterde, Heideerde, Koniferennadeln, aufgelockert mit Sand), mit etwas Kompost; mehrere Sorten anpflanzen, um eine gute Bestäubung zu sichern.

Standort: Sonnig.

Pflege: Mit Koniferennadeln mulchen, um die Feuchtigkeit zu halten, regelmäßig gießen.

Vermehrung: Aussaat in 2 Zentimetern Tiefe in Heideerde, Abmoosen und Vermehrung durch Stecklinge.

Inhaltsstoffe und Eigenschaften

Cranberrys gelten als harntreibend und entzündungshemmend. Sie werden verwendet, um
Blasenentzündungen vorzubeugen.

Verwendung in der Küche

• Roh (in kleinen Mengen) und gekocht essbare
Beere.
• Gewinnung von Saft mit dem Entsafter oder
durch zehnminütiges Kochen der Beeren in
einem Topf mit etwas Wasser und anschließendes Filtern; Gewinnung des Fruchtfleisches mit
dem Sieb.
• Verarbeitung zu Kompott, Kuchen, Geleekonfekt aus Fruchtmark (Seite 56), Fruchtleder
(Seite 42), Konfitüre (Seite 100), Sirup (Seite
148), Sorbet (Seite 90), Likör (Seite 36), Essig
(Seite 134) …
• Aufbewahrung im Gefrierschrank oder getrocknet.

Cranberry kuchen mit Maismehl

Dieser leckere Kuchen ist in Großbritannien besonders beliebt. Wenn er aus einem Mürbteig gemacht wird, der dem mit viel Butter hergestellten Shortbread ähnelt, wird er häufig mit Früchten garniert. In dieser Variante, die auf die indianische Bevölkerung Nordamerikas zurückgeht, werden säuerliche Cranberrys mit süßlichem Maismehl kombiniert.

Für 20 Kuchenstücke: **Cranberrykompott:** 250 g frische Cranberrys
• 100 g heller Rohrzucker • 50 ml Wasser.
Mürbteig: 150 g Weizenmehl Type 1050 • 150 g Maismehl • 120 g heller Rohrzucker
• 200 g weiche Butter.

1. Die Cranberrys waschen.
2. Die Beeren mit Zucker und Wasser in einen Topf geben. Auf mittlerer Flamme erhitzen und zugedeckt 5 Minuten kochen lassen. Sobald die Cranberrys aufgeplatzt sind, den Deckel abnehmen, und die Beeren weitere 3 bis 4 Minuten kochen, bis die Früchte zu Kompott werden.
3. Den Backofen auf 180 °C vorheizen. In einer Schüssel beide Mehlsorten und den Zucker vermischen. Die weiche Butter hinzufügen und die Mischung mit den Fingern verkneten.
4. Eine rechteckige Backform mit Backpapier auslegen. Zwei Drittel des Mürbteigs auf dem Boden der Form verteilen. Erst mit der Handfläche, dann mit dem Boden eines Glases festdrücken.
5. Das Cranberrykompott auf den Teig streichen.
6. Den Rest des Teigs als Streusel über dem Kompott zerkrümeln.
7. 40 Minuten backen.
8. Die Backform aus dem Ofen holen. Den Kuchen abkühlen lassen, dann aus der Form lösen und in quadratische Stücke schneiden.

Großmutters Kekse mit frischen Cranberrys

Wenn Sie wie ich kein großer Freund von Desserts sind, bei denen Schokolade mit roten Früchten kombiniert wird, sollten Sie wissen, dass dieses Keksrezept eine echte Ausnahme darstellt. Die Frische der Cranberrys stellt ein raffiniertes Gegengewicht zu den Aromen der Schokolade, des Rohrzuckers und der Erdnussbutter dar. Wenn Sie getrocknete Cranberrys verwenden, ist der Geschmack etwas anders, aber auch sehr lecker.

Für etwa 15 Kekse: 200 g Weizenmehl Type 550 • 50 g Weizenmehl Type 1050 (beziehungsweise Vollkornmehl oder Hafermehl) • 75 g heller Rohrzucker • 75 g Vollrohrzucker • 1 gehäufter TL Backpulver • 1 gestrichener TL Natron • 50 g Schokoladenstückchen • 50 g gehackte Pekannüsse • 50 g Kamutflocken • 120 g frische Cranberrys • 100 g Erdnussbutter • 1 Ei • 60 ml Hafermilch.

1. In einer großen Schüssel die Mehlsorten mit dem Zucker, dem Backpulver und dem Natron verrühren, dann die Schokolade, die Nüsse und die Kamutflocken hinzufügen.
2. Die Cranberrys waschen und trocknen lassen. Die Früchte halbieren oder vierteln, je nach Größe, und der Mischung hinzufügen.
3. Die Erdnussbutter mit dem Ei und der Hafermilch verrühren. Diese flüssige Mischung in die Schüssel gießen. Den Teig mit den Händen verkneten. Wenn er zu trocken ist, noch ein wenig Hafermilch hinzufügen.
4. Im Kühlschrank 30 Minuten ruhen lassen.
5. Den Backofen auf 160 °C vorheizen. Walnussgroße Teigstücke abstechen. Acht Teigstücke auf ein großes, mit Backpapier ausgelegtes Backblech legen und platt drücken.
6. Die Kekse 20 Minuten backen. Dann zum Abkühlen auf ein Kuchengitter legen.
7. Mit dem restlichen Teig auf dieselbe Weise verfahren.
8. Die Kekse in einer Blechdose aufbewahren. Damit sie wieder knusprig werden, 30 Minuten bei 50 °C in den Backofen stellen.

Apfelbutter
mit Cranberrys

Die Apfelbutter ist eine Spezialität aus Quebec, wo sie gerne zum Frühstück aufs Brot gestrichen wird. Durch die getrockneten Cranberrys erhält sie eine Altrosa-Färbung und eine säuerliche Note – ein Erlebnis für die Geschmacksknospen und ein Augenschmaus!

Für 500 g Apfelbutter: 700 g Äpfel (nach Wunsch mit festem oder weichem Fruchtfleisch) • 120 ml Wasser • 120 g getrocknete Cranberrys • 50 g Ahornsirup • 70 g Süßrahmbutter.

1. Die Äpfel schälen, vierteln und das Kerngehäuse entfernen.
2. Würfeln und mit dem Wasser und den Cranberrys in einen Topf geben.
3. Langsam erhitzen, wenn die Mischung kocht, abdecken und auf kleiner Flamme 40 Minuten köcheln lassen.
4. Regelmäßig umrühren und darauf achten, dass die Äpfel nicht am Topfboden festkleben. Gegebenenfalls etwas Wasser hinzufügen.
5. Wenn die Äpfel vollständig zu Mus verkocht sind, vom Herd nehmen, den Ahornsirup und die in Stücke geschnittene Butter hinzufügen.
6. Die Mischung 2 bis 3 Minuten mixen, bis ein dicker, sämiger und weicher Brei entsteht.
7. Die noch heiße Apfelbutter in 2 Marmeladengläser füllen, fest verschließen.
8. Nach dem Abkühlen im Kühlschrank aufbewahren.

KAPSTACHELBEEREN

Physalis peruviana L. (Solanaceae)

Physalis, Andenbeere, Andenkirsche,
Peruanische Blasenkirsche, Judenkirsche
Frucht: Kapstachelbeere, coqueret du Pérou, cape gooseberry
(golden berry, Peruvian cherry)

Diese Physalis-Art stammt aus der Neuen Welt und trägt kleine orange-farbene Beeren. Sie bringen etwas Exotisches in unseren traditionellen Herbst-Obstkorb mit Äpfeln, Birnen und Weintrauben. Der Name Physalis kommt aus dem Griechischen: „Physao" bedeutet geschwollen und bezieht sich auf den Blütenkelch in Lampionform. Dieser stellt die Gemeinsamkeit zwischen allen Arten der Gattung der „Blasenkirschen-gewächse" dar; doch je nach Art können die Beeren giftig oder ess-bar sein wie bei der Lampionblume, Physalis pruinosa und Physalis pubescens (kleiner als die Früchte der Kapstachelbeere). In manchen Geschäften gibt es auch getrocknete Kapstachelbeeren. Wenn Sie in Ihrem Garten eine üppige Kapstachelbeerenernte einbringen, können Sie diese auch im Backofen oder Dörrautomaten trocknen. Auf diese Weise erhalten Sie köstliche „Mini-Trockenaprikosen", die Sie beim Kochen wie Rosinen verwenden können – beispielsweise im selbst gemachten Müsli oder beim Backen.

Allgemeine Eigenschaften: Krautige Staude, 40 Zentimeter bis 1,50 Meter hoch, mit großen Blättern belaubt und leicht filzig behaart; trägt oran-gefarbene Beeren, die im lampionförmigen Blütenkelch verborgen sind.

Blätter: Groß, herzförmig, hellgrün.

Blüten: Klein, in Form einer Blütenkrone, hellgelb und in der Mitte braun-purpurrot.

Früchte: Kleine Beeren von der Größe einer Murmel, orange, mit vie-len kleinen Kernen und orangegelbem Fruchtfleisch, süß, leicht sauer, mehr oder weniger bitter und sehr saftig (Reifezeit September bis Mitte Oktober).

Standort: Ursprüngliches Vorkommen Südamerika, heimisch gemacht in Südafrika, Australien und Neuseeland. Als mehrjährige Pflanze kann sie in Mitteleuropa als Kübelpflanze kultiviert werden, wenn sie im Win-ter frostfrei gehalten wird. Wie bei vielen Vertretern der Familie sind alle Pflanzenteile – mit Ausnahme der reifen Früchte – giftig und können etwa zu Hautreizungen führen.

Ernte

Kapstachelbeeren werden später geerntet als Tomaten (September bis Oktober). Warten Sie, bis die Beeren ganz reif sind, bevor Sie sie pflücken. Sie enthalten sonst eine giftige Substanz, die nicht mehr vorhanden ist, wenn die Beeren reif gepflückt werden. Sie können den Reifegrad prüfen indem Sie sich vergewissern, dass der Blütenkelch eine blasse Färbung angenommen hat und die Frucht sich weich anfühlt.

Inhaltsstoffe und Eigenschaften

Kapstachelbeeren enthalten viel Vitamin A, eine beachtliche Menge an Vitamin C (mehr als Zitrusfrüchte) sowie Mineralstoffe (etwa Eisen und Phosphor). In der Volksmedizin gelten sie als harntreibend. Vorsicht: Schwangere und stillende Frauen sollten nicht zu viele Kapstachelbeeren essen.

Anbau

Kapstachelbeeren werden wie Tomaten aus Samen gezogen. Sie sind sehr kälteempfindlich (be 0 °C sterben sie ab) und stehen oft im Gewächshaus.
Boden: Aussaat (2 Wochen bis zur Keimung) von März bis April im Topf mit gesiebter Erde im Warmen (z. B. im Mini-Gewächshaus mit mindestens 20 °C); Mitte Mai in gut entwässertem Boden mit Kompost oder im Pflanzkübel mit Komposterde vereirzeln.
Standort: Sonnig.
Pflege: Festbinden, damit die Zweige nicht abbrechen, am Fuß mulchen, regelmäßig gießen.
Vermehrung: Aussaat, Vermehrung durch Stecklinge.

Verwendung in der Küche

• Roh und gekocht essbare Beere.
• Gewinnung von Saft mit dem Entsafter oder durch 10-minütiges Kochen mit etwas Wasser und Filtern; Gewinnung des Fruchtfleisches mit dem Sieb.
• Verarbeitung zu Kompott, Torte, Geleekonfekt aus Fruchtmark (Seite 56) oder Fruchtleder (Seite 42), Konfitüre (Seite 100), Sorbet (Seite 90) …
• Aufbewahrung im Gefrierschrank oder getrocknet.

Liebesbeeren mit Sesam

Dieser zugleich knusprigen und saftigen Süßigkeit können Sie bestimmt nicht widerstehen. Da der Honig reich an Glukose ist, verhindert er, dass der Zucker kristallisiert. Und der Sesam krönt den fruchtigen Geschmack der Kapstachelbeeren.

172
Beeren
aus fremden
Ländern

Rezept

Für rund 20 Liebesbeeren: etwa 20 Kapstachelbeeren oder andere essbare Physalis-Früchte • 160 g heller Rohrzucker • 40 g Akazienhonig • 30 g Sesamsamen.

1. Die Blütenkelche der Kapstachelbeeren vorsichtig nach außen stülpen.
2. Die Beeren waschen und sorgfältig mit einem Tuch abtrocknen.
3. In einem kleinen Topf den Zucker mit dem Honig verrühren, zum Kochen bringen, dann bis auf 145 °C erhitzen.
4. Den Sesam hinzufügen.
5. Den Topf vom Herd nehmen und sofort die Kapstachelbeeren einzeln am Blütenkelch festhalten und in den Karamell tunken. Über dem Topf abtropfen lassen, dann auf ein großes Stück Backpapier stellen. Da der Karamell ziemlich rasch fest wird, muss schnell gearbeitet werden.
6. 5 Minuten warten, bevor die Liebesbeeren verzehrt werden.

Ausgebackene
Physalis mit Kokos

Auch in diesem Rezept erhalten die Kapstachelbeeren eine Umhüllung – und zwar mit Tempurateig. Diese leichte, knusprige Leckerei aus Japan wird in der Regel mit Ei, Reismehl und Eiswasser zubereitet. Ich habe außerdem Kokosflocken hinzugefügt, damit es noch köstlicher schmeckt.

Für rund 20 Teigbeeren: ungefähr 20 Kapstachelbeeren oder andere essbare Physalis-Früchte • Öl zum Frittieren • 1 Ei • 20 g heller Rohrzucker + ein wenig zum Bestäuben • 20 g Kokosflocken • 120 ml zerstoßenes Eis • 80 g Reismehl.

1. Die Blütenkelche der Kapstachelbeeren vorsichtig nach außen stülpen.
2. Jede Beere abwaschen (nicht abtrocknen) und leicht mit Mehl bestäuben.
3. Das Öl auf kleiner Flamme erhitzen.
4. Den Tempurateig zubereiten. Dafür ein Ei aufschlagen und mit japanischen Essstäbchen in einer Schüssel verquirlen. Den Zucker und die Kokosflocken hinzufügen.
5. Das zerstoßene Eis unterrühren, dann das Mehl hineingießen.
6. Mit den Essstäbchen verrühren. Dabei entsteht keine homogene Masse, sondern es bleiben einige Klümpchen erhalten.
7. Eine Kapstachelbeere in den Teig tauchen, dann ins heiße Frittieröl legen. Immer nur 4 bis 5 Kapstachelbeeren auf einmal frittieren, um ihren Garzustand besser kontrollieren zu können. Jede Teigbeere 1 Minute frittieren.
8. Die fertigen Teigbeeren auf Küchenrolle abtropfen lassen, dann auf einem Teller anrichten. Mit Zucker bestäuben und sofort verzehren.

Tipp: Verwenden Sie zerstoßenes Eis, kein Eiswasser, damit es zu einem Temperaturschock kommt und die Teighülle besonders knusprig wird.

GOJIBEEREN
Lycium barbarum L. (Solanaceae)
Gemeiner Bocksdorn, Gemeiner Teufelszwirn, Chinesische Wolfsbeere
Frucht: Gojibeere, baie de goji, wolfberry (goji berry)

Sind Gojibeeren wirklich so gesund? Diese Frage wird zu Recht gestellt, denn es gibt inzwischen zahllose Internetseiten, auf denen ihre schier wundersame medizinische Wirksamkeit gepriesen wird. Wissenschaftliche Untersuchungen konnten die vermuteten Heilwirkungen bisher nicht bestätigen.

Nachdem zwei Studien des Schweizer Fernsehsenders RTS und des Verbands „Quechoisir" einen stark erhöhten Gehalt an Pestiziden in Bio-Gojibeeren aufdeckten, setzte die Europäische Union die Einfuhr von Bio-Gojibeeren aus China bis März 2010 aus. Auch das Chemische Veterinäramt Stuttgart hat 2009 Bio-Gojibeeren aus China auf Pestizidrückstände untersucht: Alle Proben waren über die zulässige Höchstmenge hinaus belastet. Das Bundesinstitut für Risikobewertung hat 2012 angemerkt, dass generell eine schädigende Wirkung der Gojibeeren nicht hinreichend belegt sei, belastbare toxikologische Daten aber noch fehlten.

Doch widmen wir uns den positiven Eigenschaften dieser Beere. In China steht sie schon seit Ewigkeiten auf der amtlichen Arzneimittelliste (getrocknet, als Tee oder Suppe). Sie ist bei uns getrocknet erhältlich, allerdings recht teuer. Warum sollte man diese schöne Pflanze also nicht selbst anbauen? Sie bringt ein wenig Exotik in Ihren Garten. Wenn Sie pflanzenkundig sind, können Sie auch in der freien Natur nach Gojibeeren Ausschau halten. Sie sind in Deutschland insbesondere im Osten in besiedelten Regionen an Mauern und Zäunen verwildert zu finden. Generell raten wir zur Vorsicht, da Gojibeeren leicht mit giftigen roten Beeren zu verwechseln sind (z. B. dem Bittersüßen Nachtschatten).

Allgemeine Eigenschaften: 1 bis 3 Meter hoher Strauch, sehr stark verzweigt, mit dünnen, biegsamen, (unter dem Gewicht der Beeren) hängenden und leicht stacheligen Ästen.

Blätter: Mittelgroß, dünn, junge Blätter spatelförmig, ältere Blätter lanzettförmig, hellgrün.

Blüten: Klein, mit 5 Blütenblättern, violett bis purpurrot.

Früchte: Zinnoberrote Beeren, länglich (1 bis 1,3 Zentimeter lang), in Trauben an den Zweigen hängend, mit orangefarbenem Fleisch und reich an Kernen, wenig saftig, nicht sauer, nicht zusammenziehend, mehr oder weniger bitter (Reifezeit September bis Oktober).

Standort: Wahrscheinlich aus dem Mittelmeerraum stammend, weit verbreitet von Südosteuropa bis in den Norden Chinas; auch (invasiv) überall verstreut in Deutschland, insbesondere im Osten bei Mauern, in Hecken, an Wegrändern und im Gebüsch.

Ernte

Warten Sie, bis die Früchte ganz reif sind. Sie enthalten sonst eine giftige Substanz, die nicht mehr vorhanden ist, wenn die Beeren vollkommen reif geerntet werden. Am besten ist es, Gojibeeren direkt nach dem Pflücken zu essen, um ihren Vitamin-C-Gehalt bestmöglich zu nutzen, oder sie zu trocknen.

Anbau

Diese Pflanze ist ziemlich leicht anzubauen, doch ist es wichtig, den Boden zu verbessern und den Strauch anzubinden.

Boden: Lockerer Boden, neutral bis kalkhaltig, mit einer Handvoll Kompost.

Standort: Sonnig.

Pflege: Anbinden, um die Zweige zu stützen, im Frühling den Hauptast abschneiden, um die Pflanze zu kräftigen und das Verzweigen zu fördern, im Sommer regelmäßig gießen. Am Ende der Saison die toten Zweige ausschneiden.

Vermehrung: Aussaat und Vermehrung durch Stecklinge.

Inhaltsstoffe und Eigenschaften

Bei gleichem Gewicht enthalten frische Gojibeeren ähnlich viel Vitamin C wie das Fruchtfleisch von Orangen oder Zitronen. Vorsicht: Schwangere oder stillende Frauen sollten keine Gojibeeren essen. Auch wer gerinnungshemmende Medikamente wie Phenprocoumon (Marcumar) oder Warfarin (Coumadin) einnimmt, sollte auf Gojibeeren in jeglicher Form verzichten.

Verwendung in der Küche

• Roh (in kleinen Mengen), gekocht, aber vor allem getrocknet essbare Beere.
• Gewinnung des Fruchtfleisches durch Mixen und Filtern durch ein feines Sieb, das die Kerne zurückhält.
• Gemischt mit anderen Früchten: Kompott, Konfitüre (Seite 100), Sorbet (Seite 90), Sirup (Seite 148), Torte …
• Aufbewahrung im Gefrierschrank oder getrocknet.

Tapioka-Mango-Süß-speise mit Kokosmilch und Gojibeeren

Diese ausgefallene Süßspeise passt hervorragend nach einem asiatischen Hauptgericht. Der mehr oder weniger bittere Gojibeerensaft verliert diese Eigen-schaft, wenn er mit Tapioka, Mango und warmer Kokosmilch kombiniert wird.

Für 6 bis 8 Portionen: 1 l Wasser • 100 g Tapioka • 50 g frische Gojibeeren • 200 ml Kokos-milch • 1 vollreife Mango (250 g Fruchtfleisch) • 100 g heller Rohrzucker.

1. Das Wasser in einem großen Kochtopf zum Kochen bringen.
2. Tapioka hinzufügen und 5 Minuten kochen lassen; dabei regelmäßig um-rühren, damit die Mischung nicht am Topfboden festklebt. Abdecken und 10 Minuten ruhen lassen.
3. Währenddessen die Gojibeeren waschen und mit 50 ml Kokosmilch mixen. Die Mischung durch ein feines Sieb filtern, um den Saft zu erhalten. Beisei-testellen.
4. Die Mango schälen und fein mixen.
5. Die restliche Kokosmilch über die Tapiokamischung gießen und auf niedriger Stufe 3 Minuten erhitzen, dabei regelmäßig umrühren.
6. Den Topf vom Herd nehmen, das Fruchtfleisch der Mango, den Zucker und zum Schluss den Gojibeerensaft hinzufügen.
7. Die Mischung auf Gläser oder Schälchen verteilen. Abkühlen lassen, dann in den Kühlschrank stellen.

Scones mit Gojibeeren

Nichts geht über noch warme Scones, um den Tag gut zu beginnen. Dazu passt hervorragend ein chinesischer Rauchtee, zum Beispiel Lapsang Souchong, als Ergänzung zu den getrockneten Gojibeeren.

182
Beeren
aus fremden
Ländern

Rezept

Für 8 Scones: **Trockene Zutaten:** 250 g Weizenmehl Type 550 • 80 g dunkler Rohrzucker • abgeriebene Schale einer Zitrone • 1 gehäufter TL Backpulver • 1 TL Natron • 60 g getrocknete Gojibeeren.
Flüssige Zutaten: 100 g kalte Butter • 160 ml Buttermilch.

1. Den Backofen auf 180 °C vorheizen. Alle trockenen Zutaten in einer Schüssel mischen.
2. Die Butter in kleine Würfel schneiden, in die Schüssel zu den trockenen Zutaten geben und mit den Fingern einarbeiten, wie bei der Herstellung von Streuseln.
3. Eine Vertiefung in den Teig machen und die Buttermilch in die Mitte gießen.
4. Den Teig zuerst mit einer Gabel, dann mit der Hand weiter bearbeiten, aber nicht zu homogen werden lassen: Es müssen noch Krümel erkennbar sein.
5. Die Arbeitsfläche großzügig mit Mehl bestäuben. Den Teig auf der Arbeitsfläche kneten und eine Scheibe von 18 bis 20 Zentimetern Durchmesser formen. Die Teigscheibe in acht Stücke teilen, wie eine Torte.
6. Die Teigstücke auf ein mit Backpapier ausgelegtes Kuchenblech legen. Mithilfe eines Backpinsels mit etwas Milch bepinseln.
7. 18 bis 20 Minuten backen. Die Scones mit Konfitüre essen.

FRÜCHTE DER REICH-BLÜTIGEN ÖLWEIDE

Elaeagnus multiflora Thunb.
(Elaeagnaceae)

Reichblütige Ölweide, Essbare Ölweide, Rote Sommer-Ölweide,
Langstielige Ölweide, Japanische Ölweide
Frucht: Ölweidenfrüchte, fruits du goumi du Japon, Cherry silverberry

Die Früchte der Reichblütigen Ölweide sind wirklich ungewöhnlich. Mit ihren langen Stielen erinnern sie an Kirschen. Ihr Fruchtfleisch lässt an Sauerkirschen denken, während die Olivenform eher Kornelkirschen ähnelt. Auf diese Form spielt auch der botanische Familienname an: Elaeagnaceae – „elaia" bedeutet auf Griechisch „Olive". Der Sanddorn (siehe Seite 84) ist ein naher Verwandter der Reichblütigen Ölweide und weist einige Gemeinsamkeiten mit dieser auf: die silbrige Unterseite der Blätter, den üppigen Ertrag, das Wachstum in nährstoffarmem Boden, die Fähigkeit zum Binden von Stickstoff – und die zusammenziehende Wirkung der Früchte. Die Reichblütige Ölweide stammt aus Südostasien und war in unseren Breiten bis vor Kurzem unbekannt.

Allgemeine Eigenschaften: 2 bis 5 Meter hoher, breiter Strauch mit unregelmäßigem Wipfel, mit langen, hängenden Ästen und dichtem Laub.

Blätter: Mittelgroß, oval bis elliptisch, sattgrün und mit feinen Punkten, Blattunterseite silbrig.

Blüten: Klein und gelblich-weiß, stark duftend.

Früchte: Rote, gepunktete Steinfrüchte von der Größe einer Olive, mit sehr dünner Haut und leuchtend rotem Fruchtfleisch, saftig, leicht süß, zusammenziehend und sehr sauer (Reifezeit Juni bis August).

Standort: Ursprüngliches Vorkommen in Japan, China und Korea, bevorzugt in lichten Wäldern; in Deutschland findet man sie seit dem 19. Jahrhundert nur angepflanzt als Frucht- und Ziergehölz in Gärten und an Straßenrändern in naturnahen Hecken.

Ernte

Die Früchte der Reichblütigen Ölweide müssen bei der Ernte vollreif sein (sich weich anfühlen) und schnell verarbeitet werden, da sie nicht lange halten.

Anbau

Die Reichblütige Ölweide erzeugt viel Nektar und Pollen, die im Frühling zahlreiche Insekten als Bestäuber anziehen. Im Laufe des Sommers trägt die Pflanze reichlich Früchte. Sie hält Trockenheit und Kälte bis zu −25 °C gut aus.

Boden: Jede Bodenart, aber bevorzugt nährstoffarmer Boden (sandig und/oder kalkhaltig), gut durchlüftet.

Standort: Sonnig bis schattig.

Pflege: Keine (gegebenenfalls tote Äste im Herbst entfernen).

Vermehrung: Aussaat in 2 Zentimetern Tiefe in sandigem Boden (Keimung nach 8 bis 12 Wochen) Schösslinge oder Vermehrung durch Stecklinge.

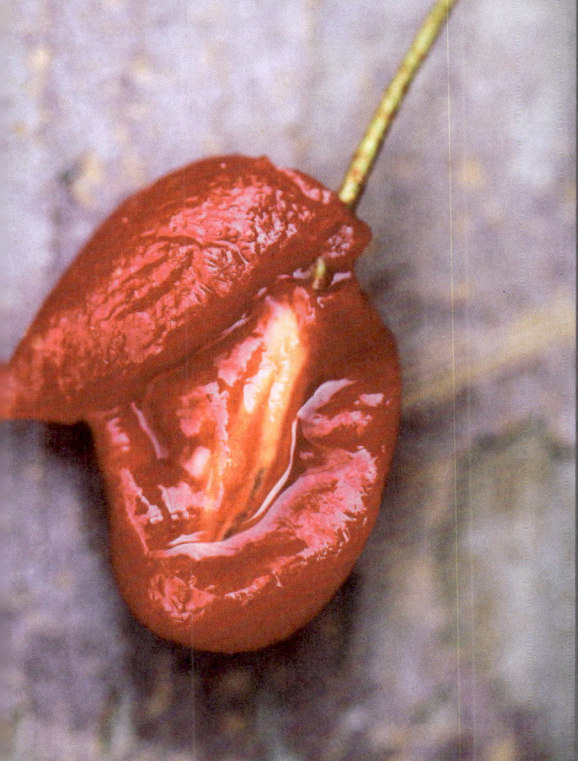

Inhaltsstoffe und Eigenschaften

Die Früchte, die Blätter und die Wurzeln werden in der chinesischen Medizin verwendet, um Husten und Darmentzündungen zu lindern.

Verwendung in der Küche

• Bevorzugt gekocht essbare Frucht. Aufgrund ihrer zusammenziehenden Wirkung nur eingeschränkt roh essbar.
• Gewinnung von Saft mit dem Entsafter von Fruchtfleisch mit dem Sieb.
• Gemischt mit anderen Früchten: Kompott, Geleekonfekt aus Fruchtmark (Seite 56).
• Konfitüre (Seite 100), Gelee (Seite 24), Sirup (Seite 148) …
• Aufbewahrung im Gefrierschrank.

Gebackene Pfirsiche mit pürierten Ölweidenfrüchten

Selbst wenn er gezuckert ist, schmeckt der Saft von Ölweidenfrüchten zu herb, um ihn pur zu trinken. Aber in Kombination mit Pfirsichen und dann im Ofen gebacken, zeigen diese Früchte, was sie können.

Für 4 Portionen: 300 g Fruchtfleisch von Ölweidenfrüchten (siehe Seite 15)
• 200 g heller Rohrzucker • 1 kg weiße Pfirsiche • 1 Vanilleschote.

1. Das Fruchtfleisch der Ölweidenfrüchte zusammen mit 150 g Zucker in einen kleinen Topf füllen. Auf kleiner Flamme 5 Minuten erhitzen, dabei regelmäßig umrühren.
2. Die Fruchtmischung mixen, bis eine homogene Masse entsteht.
3. Den Backofen auf 180 °C vorheizen. Die Pfirsiche waschen, halbieren und den Stein entfernen.
4. Die Pfirsichhälften mit der Schale nach unten in eine kleine Auflaufform legen. Die Ölweidenfrüchtemischung darauf verteilen.
5. Die Vanilleschote der Länge nach aufschneiden und mit der Spitze eines Messers das Mark herauskratzen. Das Vanillemark mit den Fingern mit den restlichen 50 g Zucker mischen.
6. Den Vanillezucker über die Pfirsiche streuen und die Auflaufform für 20 Minuten in den Backofen schieben, bis die Pfirsiche goldbraun sind.

KIWIBEEREN

Actinidia arguta Siebold & Zucc.
(Actinidiaceae)

Scharfzähniger Strahlengriffel, Honigbeere, Kokuwa,
Kiwai, Kleinfruchtige Kiwi
Frucht: Kiwibeere, kiwaï, hardy kiwi

Kiwibeeren sind nahe Verwandte der Kiwis, aber deutlich kleiner als diese. Sie haben deren typischen Geschmack mit einem Anflug von vollreifer Banane. Das erstaunt nicht, denn Kiwibeeren enthalten doppelt so viel Zucker wie Kiwis. Ein weiterer Unterschied: Sie sind unbehaart, und aufgrund ihrer dünnen, weichen Haut kann man sie wie Bonbons lutschen. Ursprünglich stammen Kiwibeeren aus Ostasien und waren bis vor wenigen Jahren in Europa unbekannt. Durch Feinkostgeschäfte und Bio-Gemüsehändler wurden sie verbreitet und erreichten eine gewisse Beliebtheit. Diese kleine Beere ist etwas Besonderes, sehr lecker und ausgesprochen vitaminreich. Ihre positiven Eigenschaften können Sie am besten nutzen, wenn Sie die Kiwibeere roh essen, zum Frühstück oder wenn die Energie nachlässt. Wer einen Kiwibeerenstrauch im Garten hat, kann die reichhaltige Ernte wunderbar zu Smoothies, Chutneys und Konfitüren verarbeiten.

Allgemeine Eigenschaften: Kletterpflanze, lianenförmig, mit zahlreichen Zweigen von bis zu 15 Metern Länge, trägt zu Trauben gruppierte kleine Früchte.

Blätter: Groß, herzförmig, an den Blatträndern fein gesägt, hellgrün.

Blüten: Klein, weiß bis grünlich, stark duftend.

Früchte: Grüne oder rote Beeren (je nach Sorte), oval, von der Größe einer Kirsche (1,5 bis 3 Zentimeter lang), mit grünem Fleisch (Querschnitt sieht aus wie bei einer Kiwi), sehr süß und mehr oder weniger sauer (Reifezeit Oktober bis November).

Standort: Stammt ursprünglich aus Ostsibirien und Ostchina, Japan und Korea.

Botanischer Steckbrief

Ernte

Warten Sie mit der Ernte, bis die Kiwibeeren zwar noch fest sind, sich aber weich anfühlen. Damit sich die Früchte gut halten, pflücken Sie sie am besten mit Stiel oder schneiden mit einer Gartenschere den gesamten Zweig ab. Legen Sie die Früchte in den Obstkorb, damit sie gegebenenfalls noch nachreifen können, oder bewahren Sie sie an einem kühlen Ort auf, damit sie nicht weiter reifen.

Anbau

Die Kiwibeere ist eine zweihäusige Pflanze. Sie brauchen also einen männlichen Stock für zwei weibliche, um eine gute Bestäubung und Ernte sicherzustellen. Es gibt auch Sorten, die nicht auf die Hilfe von Insekten für die Befruchtung angewiesen sind (*Actinidia arguta Issai*). Es bietet sich also an, eine Mischung verschiedener Sorten zu pflanzen. Kiwibeeren sind kräftiger und robuster als Kiwis: Sie können Kälte bis zu –25 °C aushalten.

Boden: Lockerer Boden mit ein wenig Kompost (zu kalkhaltige Böden meiden); in der Stadt in einem großen Pflanzkübel mit Komposterde auf dem Balkon.

Standort: Sonnig bis leicht schattig.

Pflege: Braucht ein solides Gitter zum Ranken und um mehr Licht zu bekommen, im Sommer regelmäßig gießen.

Vermehrung: Vermehrung durch Stecklinge im Frühling, um leicht und eindeutig männliche von weiblichen Pflanzen unterscheiden zu können, was bei einer Aussaat nicht möglich ist.

Inhaltsstoffe und Eigenschaften

Kiwibeeren sind reich an Vitamin C und Mineralstoffen (etwa Kalzium, Magnesium) und zählen
zu den gesunden Lebensmitteln. Bei uns sind sie
allerdings noch nicht lange bekannt. Wenn Sie
einige Früchte essen, verhelfen Sie Ihrem Körper
zu einem Energieschub. Doch Kiwibeeren können
ebenso wie Kiwis abführend wirken, sodass Sie
nicht zu viele davon essen sollten.

Verwendung in der Küche

- Roh und gekocht essbare Beere.
- Gewinnung des Fruchtfleisches mit einem Sieb.
- Verarbeitung zu Kompott, Geleekonfekt aus Fruchtmark (Seite 56), Fruchtleder (Seite 42), Konfitüre (Seite 100), Gelee (Seite 24), Sirup (Seite 148), Sorbet (Seite 90), Torte …
- Aufbewahrung im Gefrierschrank oder getrocknet.

Mandelkuchen
mit Kiwibeeren

In dieser Variante der traditionellen Mandelküchlein (in Frankreich „financiers" genannt), wird die Butter durch Mandelmus ersetzt. So entsteht zart schmelzendes, weiches Gebäck, das hervorragend zum Kaffee passt. Die Kiwibeeren verleihen den Mandelkuchen eine exquisite, fruchtige Note.

Für 8 Mandelkuchen: 100 g gemahlene Mandeln • 100 g heller Rohrzucker • 30 g Kastanienmehl • 120 g zimmerwarmes Eiweiß • 80 g Mandelmus • Sonnenblumenöl • 24 Kiwibeeren (möglichst große).

1. Den Backofen auf 150 °C vorheizen.
2. Die gemahlenen Mandeln auf ein Backblech streuen und 10 Minuten im Ofen rösten, dabei gelegentlich umrühren. Das Blech aus dem Ofen holen und abkühlen lassen.
3. Die Temperatur des Backofens auf 190 °C erhöhen. Die gemahlenen Mandeln mit Zucker und Kastanienmehl mixen, bis ein feines Pulver entsteht.
4. In die Mitte eine Kuhle machen, das Eiweiß und das Mandelmus in diese Vertiefung gießen. Mit dem Teigschaber verrühren.
5. Den Teig auf acht leicht eingeölte französische „Financier"-Formen (oder ersatzweise Muffinformen) verteilen.
6. Die Kiwibeeren waschen und bei jeder Form jeweils 3 oder 4 (je nach Größe) leicht in den Teig drücken.
7. 20 Minuten backen, bis das Gebäck goldbraun ist.
8. Abkühlen lassen, die Mandelkuchen aus der Form lösen und auf ein Kuchengitter legen.

Tipp: Sie können für dieses Rezept auch ganze Haselnüsse und gemahlene Haselnüsse verwenden.

Kiwibeeren creme

„Lemon Posset" ist eine sehr alte, englische Süßspeise. Shakespeare erwähnt sie sogar in „Macbeth". Dieser Nachtisch ist ebenso einfach wie köstlich. Man kocht Schlagsahne mit Zucker auf und fügt Zitronensaft hinzu. Nach dem Kühlen verfestigt sich die Creme wie von Zauberhand. Ich schlage Ihnen hier eine exotische Variante mit Kiwibeeren vor, welche die saure Note der Zitronen wunderbar unterstreichen.

Für 4 Portionen: 150 g Kiwibeeren • 300 ml Schlagsahne (Vollrahm) • 120 g heller Rohrzucker • abgeriebene Schale von 1 Zitrone • Saft von 2 Zitronen.

1. Die Kiwibeeren waschen und mixen, bis feines Fruchtpüree entsteht. Beiseitestellen.
2. Die Schlagsahne, den Zucker und die Zitronenschale in einen Topf füllen.
3. Auf kleiner Flamme erhitzen, dann 3 Minuten kochen lassen.
4. Den Topf vom Herd nehmen, den Zitronensaft unterrühren.
5. Das Kiwibeerenpüree hinzufügen.
6. Die noch warme Mischung in kleine Schalen füllen, abkühlen lassen, dann in den Kühlschrank stellen.
7. Die Creme mindestens 6 Stunden ruhen lassen, dann mit Keksen servieren.

LITSCHITOMATEN
Solanum sisymbriifolium (Solanaceae)
Frucht: Litschitomate, morelle de Balbis, litchi tomato

Litschitomaten zählen zu den Früchten, die ich besonders gern mag. Das Beste kommt eben zum Schluss. Die Litschitomate gehört ebenso wie die Tomate zur vielseitigen Familie der Nachtschattengewächse und findet sich inzwischen in immer mehr Gemüsegärten von Liebhabern ausgefallener Pflanzen. Sie ist ungewöhnlich – sowohl aufgrund ihres Aussehens, der vielen Stacheln und der Form ihrer Früchte als auch wegen deren Geschmack nach Litschis und vollreifer Ananas. Wenn man die Beeren halbiert, sieht man die hübsch angeordneten Kerne im orangefarbenen Fruchtfleisch. Die Kerne beeinträchtigen den Geschmack nicht, da sie vom wunderbaren Aroma des saftigen Fruchtfleisches überlagert werden. Genau wie die Tomate wird auch die Litschitomate in Blumentöpfen ausgesät und dann bei warmem Wetter vereinzelt in die Erde gesetzt. Im Gegensatz zu ihrer bekannten Verwandten ist sie deutlich weniger anfällig für Krankheiten. Die Litschitomate eignet sich also für alle Hobbygärtner und Liebhaber seltener Früchte.

Allgemeine Eigenschaften: Krautige Pflanze, 1 bis 2,50 Meter hoch, belaubt, ähnelt im Aussehen der Tomate, sehr stachelig, trägt Trauben roter Früchte (wie Kirschtomaten).

Blätter: Ziemlich groß, lanzettförmig und tief eingeschnitten, auf der Blattspindel sowie auf den inneren und äußeren Blattadern von Stacheln bedeckt, dunkelgrün.

Blüten: Mittelgroß (1 bis 3 Zentimeter), sternförmig, weiß (manchmal bläulich oder ins Violette spielend), ähneln den Blüten der Kartoffel.

Früchte: Große, kugelige Beeren, deren Form an einen bauchigen Kreisel erinnert; rot, mit zahlreichen Kernen und gelb-orangefarbenem Fruchtfleisch, süß, leicht sauer und sehr saftig (Reifezeit Ende August bis Mitte Oktober).

Standort: Stammt ursprünglich aus Mittelamerika, in Deutschland in Gemüsegärten angepflanzt.

Ernte

Litschitomaten werden später geerntet als
Tomaten (von Ende August bis Mitte Oktober).
Warten Sie, bis die Früchte ganz reif sind. Sie
enthalten sonst eine giftige Substanz, das So-
lanin, das nicht mehr vorhanden ist, wenn die
Beeren reif gepflückt werden. Um den Reifegrad
zu kontrollieren, sollten Sie darauf achten, dass
die Spitze der Kelchblätter gelb wird. Tragen Sie
bei der Ernte wegen der Stacheln am besten
Handschuhe.

Anbau

Litschitomaten werden wie Tomaten und Kapstachelbeeren angebaut (siehe Seite 170) und wie
diese aus Samen gezogen.

Boden: Aussaat (2 Wochen Dauer bis zur Keimung – im Gegensatz zur Tomate mit nur einer
Woche), von Februar bis April in Blumentöpfen
mit gesiebter Erde, die im Warmen stehen sollten
(in einem Mini-Gewächshaus, bei 20 °C, oder im
Haus). Mitte Mai nach den Eisheiligen vereinzeln
und in gut entwässerte Erde setzen, die mit Kompost angereichert ist.

Standort: Sonnig.

Pflege: Wilde Triebe nicht zurückschneiden,
aber abstützen, damit die Zweige nicht brechen,
am Fuß mulchen, um die Feuchtigkeit zu halten,
regelmäßig gießen (braucht mehr Wasser als die
Tomate).

Vermehrung: Jährliche Aussaat. Denken Sie daran, die Kerne für die Aussaat der nächsten Jahre
aufzuheben.

Inhaltsstoffe und Eigenschaften

Darüber gibt es nur wenige Informationen, doch man nimmt an, dass Litschitomaten ähnliche Eigenschaften haben wie Tomaten. Aufgrund ihres hohen Wassergehalts führen sie dem Körper Flüssigkeit zu. Sie enthalten Mineralstoffe, die Vitamine A, C und E sowie Lycopin.

Verwendung in der Küche

• Roh und gekocht essbare Beere.
• Gewinnung des Safts durch zehnminütiges Kochen mit etwas Wasser in einem Topf und anschließendes Filtern; Gewinnung des Fruchtfleisches mithilfe eines Siebs.
• Verarbeitung zu Kompott, Geleekonfekt aus Fruchtmark (Seite 56), Fruchtleder (Seite 42), Torte, Konfitüre (Seite 100), Sorbet (Seite 90) …
• Aufbewahrung im Gefrierschrank, halbiert.

Litschitomaten-Ketchup

Wenn Sie leckeren Ketchup aus Litschitomaten herstellen möchten, müssen Sie recht viele Früchte haben. Diese Beere, die zahlreiche Kerne enthält, liefert nur wenig Fruchtfleisch. Doch es lohnt sich: Diese Würzsoße schmeckt einfach köstlich.

Für 250 g Ketchup: 800 g Litschitomaten • 50 g Stangensellerie • 100 g rote Paprikaschote • 10 g Paprikapulver, edelsüß (oder 1 Messerspitze Chilipulver) • 100 g rote Zwiebel • 3 Knoblauchzehen • 50 ml Olivenöl • 2 EL Thymian • 2 EL Majoran (oder Oregano) • 1 TL zerstoßene Koriandersamen • 1 TL zerstoßene Anissamen • 1 TL Salz • 1 ordentliche Prise schwarzer Pfeffer • 30 ml Apfelessig • 40 g Vollrohrzucker • 1 EL geräuchertes Paprikapulver.

1. Litschitomaten waschen und halbieren.
2. Den Stangensellerie waschen und in Stücke schneiden.
3. Den Stielansatz der Paprikaschote entfernen, die Schote vierteln, waschen und grob hacken.
4. Die rote Zwiebel und den Knoblauch schälen und in dünne Scheiben schneiden.
5. Litschitomaten, Paprikaschote, Zwiebel und Knoblauch in einem großen Kochtopf in Olivenöl langsam erhitzen, edelsüßes Paprikapulver, Thymian, Majoran, Koriander, Anis, Salz und Pfeffer hinzufügen.
6. Während des Anbratens die Litschitomaten mit dem Kochlöffel zerdrücken. Topf abdecken und die Mischung auf sehr kleiner Flamme 20 Minuten köcheln lassen; dabei gelegentlich umrühren.
7. Den Inhalt des Topfes über einer Schüssel abtropfen lassen, um den Saft aufzufangen.
8. Die Mischung mixen, dann durch ein feines Sieb filtern (ergibt ungefähr 300 g Soße). Die Soße mit dem aufgefangenen Saft verlängern, sofern erforderlich.
9. Die Soße in einen Topf gießen, Essig und Zucker hinzufügen.
10. Auf kleiner Flamme unter ständigem Rühren erhitzen, bis die Soße dicker und dunkler geworden ist (nach etwa 8 bis 10 Minuten Kochzeit).
11. Ganz zuletzt das geräucherte Paprikapulver hinzufügen. Probieren und gegebenenfalls nachwürzen.

Apfel-Litschi tomaten-Crumble

Man könnte meinen, dass Litschitomaten aufgrund ihrer zahlreichen Kerne schwierig zu essen seien. Doch bei diesem Crumble merkt man, dass die Kerne gar nicht auffallen und auch nicht zwischen den Zähnen hängen bleiben (im Gegensatz zu Himbeerkernen). Das Fruchtfleisch der Litschitomaten ähnelt hinsichtlich Konsistenz und Geschmack dem Fleisch von Pfirsichen und ist eine echte Gaumenfreude.

Für 6 bis 8 Portionen: 500 g Äpfel • 300 g Litschitomaten • 2 EL Vollrohrzucker • 90 g Weizenmehl Type 550 • 90 g Weizenmehl Type 1600 • 100 g heller Rohrzucker • 50 g gehackte Haselnüsse • 80 g Haselnussmus (oder Butter) • 40 ml Wasser.

1. Die Äpfel schälen, vierteln, Kerngehäuse entfernen und das Fruchtfleisch in dünne Scheiben schneiden.
2. Die Litschitomaten waschen und halbieren.
3. Die Früchte in eine Auflaufform füllen und mit dem Vollrohrzucker vermischen.
4. Den Backofen auf 180 °C vorheizen. In einer Schüssel beide Mehlsorten mit dem hellen Rohrzucker und den gehackten Haselnüssen mischen.
5. Eine Kuhle in die Mischung machen, das Nussmus und das Wasser hineinfüllen. Mit den Fingern verarbeiten, ohne den Teig zu einer Kugel zu kneten.
6. Den Teig auf die Früchte krümeln und den Crumble 40 Minuten backen.

Weitere

Beeren

*zum Entdecken und
Anpflanzen*

Weitere Beeren zum Entdecken und Anpflanzen

206

Weitere
Beeren
zum Entdecken
und Anpflanzen

Botanischer Steckbrief

FELSENBIRNE
(Amelanchier alnifolia, Amelanchier canadensis)
Frucht: Felsenbirne, amélanche, juneberry (serviceberry)

Dieser Strauch kommt hauptsächlich in Nordamerika vor und trägt kleine, bläuliche Beeren, die an wilde Heidelbeeren erinnern, recht süß sind, aber weniger aromatisch. Sie waren bei den nordamerikanischen Indianern sehr beliebt. Felsenbirnen reifen im Juni, weshalb sie in England auch „juneberries" genannt werden, und können zu ausgefallener Konfitüre verarbeitet werden. Die Gewöhnliche Felsenbirne (*Amelanchier ovalis*) trägt ebenfalls essbare Früchte und kommt wild in Mitteleuropa hauptsächlich an sonnigen, basen- oder kalkreichen Felsgebüschen in südlichen Lagen vor; ihre Beeren sind allerdings kleiner, weniger saftig und haben viele Kerne.

WESTLICHER ERDBEERBAUM
(Arbutus unedo)
Westlicher Erdbeerbaum, arbousier/arbre à fraises, strawberry tree

Dieser Baum stammt aus dem Mittelmeerraum und kommt auch an den atlantischen Küsten bis Irland vor. Da er sehr frostempfindlich ist, muss er in unseren Breiten drinnen überwintern. Er trägt große, kugelige, hellrote Beeren mit orangefarbenem Fleisch und rauer Oberfläche. Das Fruchtfleisch schmeckt mehlig, etwas säuerlich und süß. Es empfiehlt sich, die Früchte zu kochen, damit sich ihr Geschmack richtig entfaltet. Roh schmecken die Beeren relativ langweilig.

Felsenbirne

Westlicher Erdbeerbaum

SCHWARZE KRÄHENBEERE

(Empetrum nigrum)

Krähenbeere, Camarine noire, crowberry

Dieser buschartige Zwergstrauch ist in feuchtem Heideland, an moorigen Standorten sowie im Unterholz von Nadelbäumen zu finden. Er trägt kleine, bläulich-schwarze Beeren, die relativ süß schmecken und mäßig appetitanregend sind. In Deutschland ist die Schwarze Krähenbeere selten und nur vereinzelt in den Bergen anzutreffen. Sie wächst in den Hochlagen der Mittelgebirge wie Schwarzwald und Bayerischer Wald, im Norden bis Rhön und Harz sowie auf Braundünen der norddeutschen Küsten. Diese Pflanze kommt häufig und überall in den Nadelwald-Regionen der Nordhalbkugel vor (Kanada, Skandinavien, Sibirien) und wird von den dort lebenden Menschen aufgrund ihrer medizinischen Eigenschaften gesammelt.

MAIBEERE

(Lonicera kamtschatica)

Honigbeere, baie de mai, honeyberry

Die Maibeere gehört zu den Heckenkirschen und stammt aus Sibirien und Kamtschatka. Der Strauch trägt blaue, längliche, süße und aromatische Früchte, die Zuchtheidelbeeren ähneln. Wie der Name vermuten lässt, reifen die Früchte im Mai. Wer die Beeren in der Küche verwenden möchte, sollte mehrere Stöcke pflanzen, da sie nur geringe Erträge liefern.

KRIECHENDE FUCHSIE

(Fuchsia procumbens)

Die Früchte der Fuchsien sind alle essbar, aber man wirft ihnen oft einen langweiligen Geschmack vor. Es ist empfehlenswert, sie zu Konfitüre zu verarbeiten, mit Kräutern und der Schale von Zitrusfrüchten zu würzen. Ihr Gehalt an Anthocyanen macht sie auch aus medizinischer Sicht interessant. Die Kriechende Fuchsie stammt aus Neuseeland und trägt große, längliche und saftige Früchte.

MOLTEBEERE

(Rubus chamaemorus)

Multebeere, Multbeere, Schellbeere, Sumpfbeere, Torfbeere
Frucht: Moltebeere, mûre arctique, cloudberry

Die Moltebeere ist eine kleine, brombeerartige, gelb-orangefarbene Beere mit wenigen, aber recht großen Steinfrüchtchen. Sie ist in den polaren Regionen der Nordhalbkugel weit verbreitet, insbesondere in Heideland mit saurem Boden. In Deutschland kommt sie sehr selten und nur in norddeutschen Moorstandorten vor und ist ganz besonders geschützt. Die Moltebeere kann in Deutschland kultiviert werden, allerdings nur in Gegenden mit halbkontinentalem Klima oder Gebirgsklima, und ist außerdem nicht leicht zu bekommen. Um Früchte hervorzubringen, braucht sie eine Ruhephase von acht Wochen mit Temperaturen unter 0 °C.

208
Weitere
Beeren
zum Entdecken
und Anpflanzen

Botanischer Steckbrief

Maibeere

Kriechende Fuchsie

Schwarze Krähenbeere

Moltebeere

MYRTE
(Myrtus communis)
Frucht: Myrtenbeere, baie de myrte, myrtle berry

Diese Pflanze ist typisch für den Mittelmeerraum. Sie trägt kleine, schwarze Beeren, die ab September reifen und meist im Dezember oder sogar erst im Januar geerntet werden. Auf Korsika und Sardinien wird daraus ein sehr bekannter Likör hergestellt.

NANKINGKIRSCHE
(Prunus tomentosa)
Frucht: Nankingkirsche, cerise de ragouminier, Nanking cherry

Dieser Kirschbaum stammt aus Asien (China, Mongolei, Nordindien, Korea) und wurde in europäische Privatgärten eingeführt. Er trägt viele, säuerliche Früchte (ohne Stiel), die ziemlich lecker schmecken und roh oder gekocht gegessen werden können. Sie werden wie Kirschen verarbeitet.

VOGELBEERE/EBERESCHE
(Sorbus aucuparia)
Frucht: Vogelbeere, sorbe, rowanberry

Vögel sind ganz verrückt nach den Beeren dieses Baumes, die Menschen jedoch weniger, da sie sehr bitter schmecken und zusammenziehend wirken. Erst nach längerem Kochen verlieren die Vogelbeeren einen Teil dieses Geschmacks. Sie werden in den Ländern Nord- und Mitteleuropas zu Obstbrand verarbeitet. Sie können auch zu Konfitüre verkocht werden.

AMERIKANISCHER SCHNEEBALL
(Viburnum trilobum)
Frucht: Schneeballbeere, baie de viorne, viburnum berry

Der Amerikanische Schneeball trägt rote Beeren, die sehr sauer sind und in Soßen verwendet oder zu Likör verarbeitet werden können. Sie werden überreif gepflückt. Damit der moschusartige Geruch verschwindet, muss man die Beeren kochen. In Mitteleuropa kommt der Gewöhnliche Schneeball (Viburnum opulus) vor, dessen Beeren bitter und sauer schmecken und ausschließlich gekocht essbar sind – ihr Geschmack wird nicht besonders geschätzt. Außerdem gibt es hier den Wolligen Schneeball (Viburnum lantana), dessen Beeren roh giftig sind und nicht besonders gut schmecken.

210
Weitere
Beeren
zum Entdecken
und Anpflanzen

Botanischer Steckbrief

Amerikanischer Schneeball

Nankingkirsche

Myrte

Vogelbeere/Eberesche

Cranberrys

Glossar

Abmoosen   Verfahren zur vegetativen Vermehrung. Beim Abmoosen wird an der Aststelle, an der die neue Pflanze von der Mutterpflanze abgenommen werden soll, ein Schnitt gemacht, der bis zu zwei Dritteln des Durchmessers tief ist. Dieser Schnitt wird durch einen Keil offen gehalten und mit Moos sowie einem Mantel aus Plastik oder Alufolie feucht gehalten, sodass an der Schnittstelle das Wurzelwachstum angeregt wird.

Absenker   Verfahren zur vegetativen Vermehrung. Ein Absenker ist ein Spross, der durch Abwärtsbiegen mit dem Substrat in Kontakt kommt und an der Kontaktstelle Wurzeln bildet. Dabei entsteht eine eigenständige Pflanze, die aber genetisch die gleiche Ausstattung hat (Klon).

Art   Art ist die botanische Bezeichnung für eine Gruppe von Individuen (in diesem Fall Pflanzen), die vermehrungsfähige Nachkommen zeugen können und damit in einer verwandtschaftlichen Linie stehen. Siehe auch Sorte.

Ausläufer   Form der vegetativen Vermehrung: Anhänge von Pflanzen, meist überlange, basal entspringende Triebe, die nach Bewurzelung und Abtrennung eigenständige Lebewesen bilden; z. B. bei Erdbeeren.

Blättchen   Teil eines zusammengesetzten Blattes, z. B. bei Rosen, Kastanien, Eschen.

Blütenkelch   Meist grüner Teil der äußeren Blütenhülle (Kelchblätter), dient dem Schutz der jungen Blütenknospe.

Doldentraube   Blütenstand, der zwar einer echten Dolde (etwa Blütenstand der Möhre) ähnlich sieht, dessen Einzelblüten („Strahlen") aber nicht einem einzigen Punkt entspringen; Beispiel: Blütenstand des Baldrians.

Dorn   Spitze Fortsetzung einer Sprossachse. Dornen sind Pflanzenorgane, also umgewandelte Sprossachsen, Blätter oder Wurzeln und insofern von Leitbahnen durchzogen. Daher sind Dornen, wie auch Organe im Allgemeinen, regelmäßig angeordnet (z. B. bei Schlehe, Weißdorn, Kakteen). Siehe auch Stachel.

Duftfilm   Feiner wachsartiger, weißlicher Überzug auf reifen Früchten wie Pflaumen, Weintrauben und Heidelbeeren; im Handel Indiz für die Qualität der Früchte (Frische, Unversehrtheit).

gesägt   Form des Blattrandes, mit regelmäßigen, spitzen Vorsprüngen (Zähnen) und Einschnitten.

handförmig geteilt/gelappt   Blattform, bei der die Blattspreite mehr oder weniger tief eingeschnitten ist und die Einzelteile einem Basalpunkt entspringen.

Kelchblatt   Siehe Blütenkelch.

lanzettförmig Form eines länglichen Blattes, am unteren Ende breiter, abgerundet, am oberen spitz zulaufend.

Ringmethode Siehe auch Abmoosen. Spezielle Variante dieses Verfahrens zur vegetativen Vermehrung. Die Wurzelbildung wird angeregt, indem ein geschlossener Rindenring unterhalb eines Knotens durch zwei parallele Schnitte entfernt wird.

Schössling Junger Auswuchs am Stamm eines Baumes oder Strauches.

Sorte Sorte ist ein Begriff aus der Pflanzenzüchtung, der vom Menschen erschaffene, in Färbung, Größe und Geschmack unterschiedliche Varianten einer Art bezeichnet. So ist zum Beispiel der Kulturapfel Malus domestica eine Art, aus der zahlreiche Sorten wie Cox, Elstar und der Gravensteiner gezüchtet wurden.

Stachel Spitze Fortsetzung einer Sprossachse. Stacheln sind Auswüchse des Rindengewebes und im Gegensatz zu Dornen regellos angeordnet (z. B. bei Rosen, Brombeeren). Siehe auch Dorn.

Steckling Verfahren zur vegetativen Vermehrung. Ein abgeschnittener Trieb zur Vermehrung wird in ein geeignetes Substrat gesteckt, um Wurzeln zu bilden. Einfachste Methode der vegetativen Vermehrung.

Steinfrucht Frucht mit verholzter, harter innerer Samenhülle (Stein) und saftiger äußerer Samenhülle (Fruchtfleisch); z. B. Pflaumen und Kirschen.

Steinfrüchtchen Einzelfrucht einer Sammelsteinfrucht, bei der zahlreiche kleine Steinfrüchte zu einer gedrängten Scheinfrucht zusammentreten; z.B. Brombeere, Himbeere.

Strauch Auch Busch genannt. Verholzte Pflanze, die sich im Unterschied zum Baum schon auf Bodenhöhe verzweigt und keinen Hauptstamm ausbildet.

Veredelung Verfahren zur vegetativen Vermehrung. Transplantation eines Pflanzenteils auf eine andere Pflanze, zum Beispiel zur Erhaltung der Sortenreinheit ohne Unsicherheit der geschlechtlichen Fortpflanzung durch Bestäubung. Wird insbesondere bei Rosen und Obstsorten angewandt.

Wurzelsprosse Pflanzentrieb, der einer Knospe im Wurzelbereich (Adventivknospe) entspringt (auch Wurzelbrut); häufig bei Gehölzen, insbesondere bei Ahorn, Esche, Weiden und Eichen.

Zweihäusig Auch: getrenntgeschlechtlich, diözisch. Weibliche und männliche Blüten auf getrennten Individuen („Weibchen und Männchen in getrennten Häusern"); Gegenteil: einhäusig, monözisch (Individuum mit männlichen und weiblichen Blüten).

Literatur und Adressen

Bücher der Stiftung Warentest

Vierich, T.; Vilgis, T.: *Aroma. Die Kunst des Würzens,* Stiftung Warentest, Berlin 2013

Breckwoldt, M.: *Essen aus der Natur. Kräuter, Beeren, Pilze sammeln und verwenden,* Stiftung Warentest, Berlin 2011

Mayer, J.; Neubauer, K.: *Unser Nutzgarten. Natürlich gärtnern und ernten,* Stiftung Warentest, Berlin 2011

Bücher anderer Verlage

Aichele, D.; Golte Bechtle, M.; Spohn, M; Spohn, R.: *Was blüht denn da? 748 wildwachsende Blütenpflanzen Mitteleuropas nach Farbe bestimmen,* Kosmos-Verlag, Stuttgart 2009

Couplan, F.; Dumaine, J. M.: *Wildpflanzen für die Küche: Botanik, Sammeltipps und Rezepte,* AT-Verlag, Aarau und München 2007

Dreyer, E.-M.; Dreyer, W.: *Wildkräuter, Beeren und Pilze. Erkennen, sammeln und genießen,* Kosmos-Verlag, Stuttgart 2008

Dumaine, J.-M.: *Kochen mit Wildpflanzen. Meine Lieblingsrezepte mit den 100 häufigsten Wildkräutern und Wildpflanzen,* AT-Verlag, Aarau und München 2008

Fleischhauer, S. G.; Guthmann, J.; Spiegelberger, R.: *Essbare Wildpflanzen. 200 Arten bestimmen und verwenden,* AT-Verlag, Aarau und München 2007

Haeupler, H.; Muer, T.: *Bildatlas der Farn- und Blütenpflanzen Deutschlands,* Ulmer Verlag, Stuttgart 2007

Henschel, D.: *Essbare Wildbeeren und Wildpflanzen: Sammeltipps, Verwendung, giftige Doppelgänger,* Kosmos-Verlag, Stuttgart 2002

Scherf, G.: *Wildfrüchte & Wildkräuter für die Küche. Erkennen, sammeln, genießen,* BLV Verlag, München 2009

Scherf, G.: *Wildbeeren sammeln und zubereiten: Mit Taschenführer: alle essbaren und giftigen Früchte*, BLV Verlag, München 2009

Wagenitz, G.: *Wörterbuch der Botanik: die Termini in ihrem historischen Zusammenhang*, Spektrum, Akademischer Verlag, Heidelberg 2003

Internetadressen

Bundesnaturschutzgesetz (Gesetz über Naturschutz und Landschaftspflege, BNatSchG):

www.umwelt-online.de/recht/natursch/bng/bng_ges.htm

http://dejure.org/gesetze/BNatSchG

Daten zur Verbreitung und Gefährdung, zum Schutz und zur Ökologie von einheimischen Farn- und Blütenpflanzen:

www.floraweb.de

Informationen zur Echinokokkose (Hunde- bzw. Fuchsbandwurm-Infektion):

www.rki.de/DE/Content/InfAZ/E/Echinokokkose/Echinokokkose.html

Adressen von Firmen, die Saatgut von Wildpflanzen anbieten:

www.naturgarten.org/adressen/betriebe/wildpflanzen/

Ein herzliches Dankeschön an …

Arnaud Darsonval und Dominique Velé, von der „Ferme de Sainte-Marthe" (www.fermedesaintemarthe.com), für die aufmerksame Lektüre meines Manuskripts. Ihre Ratschläge habe ich sehr zu schätzen gewusst.

Michel Chauvet, Mitglied des wissenschaftlichen Komitees des Netzwerks „Tela Botanica", Ethnobotaniker und Vorsitzender des französischen Komitees „Arche du Goût de Slow Food", für das Fachlektorat dieses Buches. Meine Lektüre von „L'Appel gourmand de la forêt" hat mir noch einmal gezeigt, dass ich im Bereich der Botanik nicht mehr als ein Lehrling bin!

Gaëlle Ravel (http://lacantineverte.fr) und ihren Eltern für die Freundlichkeit, mir einen schönen Standort von Waldheidelbeeren in der Region Saint-Étienne zu zeigen.

222
Beeren
und kleine Früchte

Simone Perrier und die Umweltschutzorganisation „CPIE du Haut-Jura", durch die ich ein fantastisches Moor kennengelernt habe, in dem es viele seltene Beeren gibt.

Sébastien Prunet (www.facebook.com/Jardin.de.Sebastien), hervorragender Gärtner und unter anderem begeistert von essbaren Nachtschattengewächsen, der mir Litschitomaten geschickt hat. Der verflixte Mehltau des Jahres 2012 hatte meine liebevoll im März ausgesäten Pflanzen vernichtet. Ich danke ihm darüber hinaus für die Fotos der Litschitomaten am Strauch (Seite 199).

Véronique Malherbe vom Blog http://cuisinesauvage.blogspot.fr dafür, dass sie mir schöne Berberitzenzweige zur Verfügung gestellt hat.

Jean-Luc Tschabold von der „Ferme de l'Arona en Suisse", der so freundlich war, mir eine große Menge Aroniabeeren zu schicken. Die Vögel hatten in meinem Garten alle verspeist.

Emmanuel Cabanes vom Unternehmen Natvit dafür, dass er mir einen ganzen Karton voller Sanddornbeeren geschenkt hat. Sie waren beim Schreiben des gesamten Manuskripts sehr hilfreich für mich.

Pascal Seyer, Vorsitzender des Verbands „Croqueurs de Pommes Centre Vosges", dafür, dass er mir Früchte der Reichblütigen Ölweide geschickt hat. Ich lebe ja im zentralfranzösischen Berry und habe damit eine echte Konkurrenz für unsere kleine Montmorency-Kirsche kennengelernt.

Tyvi Begassat, Produzent von Heilpflanzen, der immer für mich da war und es mir ermöglicht hat, unzählige Frucht tragende Pflanzen zu bekommen.

Charles-Marie Terrier-Castelli dafür, dass er mir die Tore seines schönen Gemüsegartens geöffnet hat.

Jean-Paul Brigand vom Blog http://olharfeliz.typepad.com/cuisine für sein Foto der Kriechenden Fuchsie (Seite 208).

Madeline dafür, dass sie aus Montreal einen riesigen Sack frischer Cranberrys mitgebracht hat

Meinen Garten, der sich für dieses Buch immer wieder aufs Neue in Schale geworfen hat!

Impressum

Titel der französischen Originalausgabe:
Baies
Der Originaltitel erschien 2013 bei Éditions La Plage, Paris, Frankreich
Die Rechte wurden vermittelt durch Agency Abiali Afidi S.L.
© 2013 by Éditions La Plage
© der deutschsprachigen Ausgabe by Stiftung Warentest, Berlin, 2014

Stiftung Warentest
Lützowplatz 11–13
10785 Berlin
Telefon 0 30/26 31-0
Fax 0 30/26 31-25 25
www.test.de
email@stiftung-warentest.de

USt.-IdNr.: DE 136725570

Vorstand: Hubertus Primus
Weiteres Mitglied der Geschäftsleitung: Dr. Holger Brackemann
(Bereichsleiter Untersuchungen)

Programmleitung: Niclas Dewitz

Autorin: Linda Louis
Übersetzung: Birgit Irgang
Projektleitung/Lektorat: Johanna Lederer
Mitarbeit: Veronika Schuster
Korrektorat: Hartmut Schönfuß
Fachliche Unterstützung: Dr. Jürgen Kluge
Gestaltung und Layout: David Cossom
Titelüberarbeitung: Florian Brendel, Berlin
Satz: Martina Römer, Berlin
Fotografien: Linda Louis
Bildnachweis: Stocklib (S. 18, 161, 205, 207 und 209)
Produktion: Vera Göring
Verlagsherstellung: Rita Brosius (Ltg.), Susanne Beeh
Druck: Rasch Druckerei und Verlag GmbH & Co. KG, Bramsche

ISBN: 978-3-86851-096-6